골목에서
배우는
인권

골목에서 배우는 인권

제1판 제1쇄 발행일 2025년 8월 29일

글 _ 정석, 정범구, 이희수, 김희교, 강대중
기획 _ 인권연대, 책도둑(박정훈, 박정식, 김민호)
디자인 _ 채홍디자인
펴낸이 _ 김은지
펴낸곳 _ 철수와영희
등록번호 _ 제319-2005-42호
주소 _ 서울시 마포구 월드컵로 65, 302호(망원동, 양경회관)
전화 _ 02) 332-0815
팩스 _ 02) 6003-1958
전자우편 _ chulsu815@hanmail.net

ⓒ 정석, 정범구, 이희수, 김희교, 강대중 2025

* 이 책에 실린 내용 일부나 전부를 다른 곳에 쓰려면
  반드시 저작권자와 철수와영희 모두한테서 동의를 받아야 합니다.
* 잘못된 책은 출판사나 처음 산 곳에서 바꾸어 줍니다.

ISBN 979-11-7153-032-8 43300

철수와영희 출판사는 '어린이' 철수와 영희, '어른' 철수와 영희에게
도움 되는 책을 펴내기 위해 노력합니다.

골목에서 배우는 인권

소통의 공간에서 바라보는 인권 현실

기획 인권연대

글 정석, 정범구, 이희수, 김희교, 강대중

철수와영희

골목이라는 열쇠 말로 살펴본 인권 현실

광장이 근사한 도시와 골목이 멋진 도시 중에 꼭 하나만 고르라면, 제 답은 골목입니다. 광장은 정치권력의 입김이 강하게 작용합니다. 한국을 상징하는 거리라는 서울 광화문만 해도 그렇습니다. 서울시장이 누가 되느냐에 따라 오락가락 탈바꿈합니다. 광장은 권력자가 자기 뜻을 펼치는 곳입니다. 물론 광장이 권력자의 의도대로만 멈춰 있는 것은 아닙니다. 윤석열 일당이 내란을 일으키거나, 박근혜 씨가 국정농단을 할 때, 광장은 시민의 마당으로 탈바꿈합니다. 물론 이런 일은 매우 이례적입니다. 광장은 넓지만, 역동적이며 또 간헐적인 공간입니다.

골목은 다릅니다. 우리가 사는 공간입니다. 광장에 있는 사람들은 뭔가 도시를 구성하는 하나의 부품 같은 모습이지만,

골목에 있는 사람들은 누구나 그 골목의 주인공 같습니다. 사람이 존재하는 공간이 주는 분위기의 차이, 크기의 차이가 낳은 서로 다른 모습입니다.

광장에서의 배움이 일방적인 지시를 따르며 이해하는 대신 무조건 외워야 하는 식이라면, 골목에서는 묻고 답하고 서로가 스승이 되고 함께 배우는 식입니다.

그래서 우리는 골목에 관심을 갖고자 합니다. 내친김에 골목이라는 열쇠 말로 우리의 삶, 우리의 인권 현실을 살펴보기로 했습니다.

이 책에 필자로 모신 정석 서울시립대 교수님, 정범구 장발장은행장님, 이희수 성공회대 석좌교수님, 김희교 광운대 교수님, 강대중 서울대 교수님은 한자리에 모시기 어려운 분들입니다. 고맙게도 이런저런 인연으로 저희의 요청을 흔쾌히 받아 주셨고, 이 책의 저자로까지 참여해 주셨습니다.

정석 교수님은 도시학자로서 사람 사는 도시에 대해 살피고 있습니다. 사람을 위한 도시, 숨 쉴 틈이 있는 도시에 대한 다양한 아이디어와 함께 우리가 가야 할 길을 알려 줍니다. 토건 위주의 맹목적 개발에서 벗어나 과감하게 방향을 전환하고 구체적인 실천을 해야 한다는 점을 일깨워 줍니다.

정범구 은행장님은 흔히 '선진국'이라고 부르는 독일의 사례를 통해 한국을 객관적으로 보여 줍니다. 독일이 인종 차별과 난민 문제 등 만만치 않은 문제를 어떻게 풀어 가는지 살펴보면서, 우리의 숙제도 동시에 확인할 수 있습니다. 우리 앞에 놓인 숙제를 하나씩 점검하면서 조금이라도 앞으로 나아갈 수 있는 기운을 얻게 됩니다.

이슬람과 서남아시아 지역 연구의 선구자인 이희수 교수님은 이스탄불 골목을 마치 우리가 직접 지켜보는 것처럼 생생하게 알려 주고 있습니다. 구걸하는 사람조차 가난하되 비굴하지 않을 수 있고, 나눔은 그저 사람의 도리라는 것을 가르쳐 줍니다. 사람 사는 세상의 원칙을 골목을 통해 알려 줍니다.

김희교 교수님은 중국을 통해 우리를 들여다볼 기회를 제공해 주고 있습니다. 세계인이 한국의 골목을 보면 깜짝 놀랄 정도로 우리에게는 많은 장점이 있습니다. 세계인이 부러워하는 한국의 문화 역량은 말할 것도 없겠죠. 다만 정치적으로 오염된 가짜 뉴스 때문에 누군가를 혐오하거나 함부로 인종 차별을 일삼는 일이 없어야 한다는 점도 정확히 짚어 주고 있습니다.

강대중 교수님은 교육학자답게 배울 수 있는 권리, 곧 학습권에 관한 이야기를 풀어 주고 계십니다. 학습권이 단순히 배울 수 있는 권리를 넘어 질문하는 능력으로까지 이어져야 한다는 말씀은 질문 자체가 없는 우리의 교실을 생각하면 얼마나 절실한 과제인지 알 수 있습니다. 또한 교실 앞 복도를 마을의 골목 같은 공간으로 만들자며 새로운 상상력을 펼쳐 줍니다.

어떤 책도 그냥 만들어지지 않습니다. 특별히 강대중, 김희교, 이희수, 정범구, 정석 선생님처럼 저명한 분들을 모시고, 함께 만드는 일은 더욱 그렇습니다. 철수와영희 출판사처럼 끈기를 바탕으로 좋은 책을 만들겠다는 일념이 있어야만 가능한 일입니다. 함께해 주신 저자분들과 철수와영희 관계자들께 감사드립니다. 정말 감사드립니다. 좋은 책과 함께할 수 있어서 너무 좋습니다.

오창익(인권연대 사무국장) 드림

차례

길을 바꾸면
소통이 달라진다

1

정석

정석

서울시립대학교 도시공학과 교수로 있으며, 페이스북과 유튜브 채널 '도시의 정석'을 통해 시민과 소통하고 있다. 대한민국 만병의 근원을 수도권 과반 인구로 진단하고 "1년에 100만 명씩 탈수도권 해서 지역에 민국을 만들자"는 '일백탈수 지역민국' 운동을 벌이고 있다. 쓴 책으로 『어린이의 눈으로 안전을 묻다』(공저), 『나는 튀는 도시보다 참한 도시가 좋다』, 『도시의 발견』, 『천천히 재생』, 『행복@로컬』 등이 있다.

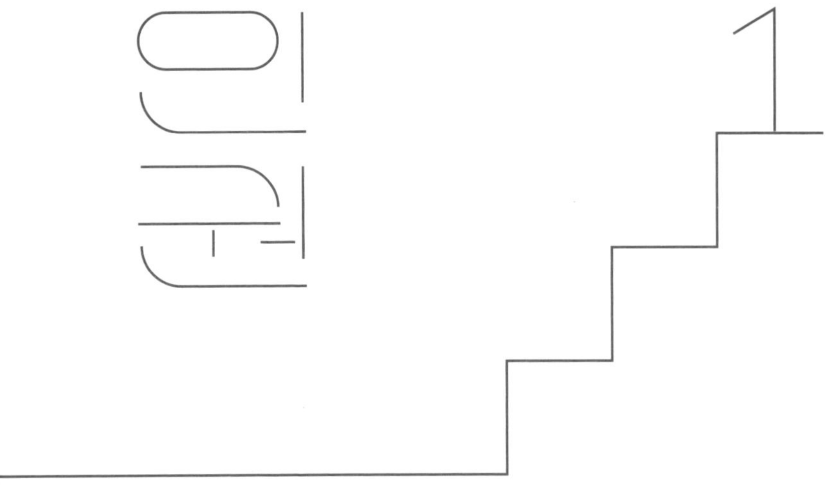

저는 도시학, 그중에서도 도시설계를 전공했습니다. 도시설계를 크게 둘로 나누자면 새로운 도시를 만드는 도시설계가 있고, 오래된 도시를 잘 돌보거나 지키고 되살리는 도시설계가 있어요. 제 전공은 뒤엣것입니다. 말하자면 재생하는 도시설계, 보존하는 도시설계라고 할 수 있어요. 전통적으로 개발 쪽이 인기가 좋아요. 돈이 많이 몰리는 분야이기 때문입니다.

저는 오래전부터 옛 도시에 관심이 많았어요. 그런 장소가 개발에 밀려 우리 기억에서 지워지는 게 슬펐습니다. 우리 도시는 오래 함께 지낸 친구와 우정이 깊어지듯이, 그 안에서 역사를 기억하고 체험할 경험을 주지 못해요. 그전에 무너뜨리고 새로 짓습니다. 아파트만 해도 30년도 채 안 돼서 새로 짓습니다. 재개발 사전 단계인 안전 진단에서 불합격 결과를 받으면 축하한다는 현수막이 붙어요. 내가 사는 곳이 안전하지 않다는 걸 환영하는 거예요. 그래야 새로 짓고 집값을 올려받을 수 있으니까요. 우리나라에서나 볼 수 있는 진풍경입니다. 참으로 안타까운 일이죠.

개발 시대가 남긴 도시 풍경

저는 1994년에 서울대에서 박사 학위를 마치고, 서울연구원에 들어가서 서울 도시설계 연구를 13년간 했어요. 그중 가장 기억에 남는 것이 북촌과 인사동 연구입니다. 당시 북촌 한옥마을이 전부 재개발될 상황이었어요. 주민 간 갈등이 빚어졌습니다. 개발에 찬성하는 쪽도 있었지만 이를 안타깝게 여긴 분들도 있었어요. 결국 서울시장이 우리 연구원에 연구를 의뢰합니다. 2000년 한 해 동안 꼬박 북촌 한옥마을을 어떻게 할 것인가를 두고 연구했어요.

주민 설명회를 세 번 했는데, 첫 번째를 제외하고 나머지

두 번은 무산됐어요. 워낙 갈등이 심해서 저도 여러 번 멱살을 잡혔습니다. 주민들이 딱 둘로 나뉘어 있었어요. 절반은 그래도 보존해야 한다는 입장이었습니다. 다만, 그동안 서울시가 규제만 하고 한옥에 사는 주민들의 삶을 돌보지 않았으니 이번에는 지원을 좀 해 달라는 정도였습니다. 그런데 나머지 절반은 문화재고 뭐고 일절 간섭하지 말라는 개발주의 입장이었습니다. 한옥을 철거하고 그 위에 빌라를 짓든 아파트를 짓든 서울시는 개입하지 말라는 입장이었어요.

상황이 이렇다 보니 서울연구원도 뾰족한 답을 찾지 못하다가, 서울시에 '한옥 등록제'를 제안합니다. 주민에게 선택권을 주자는 것이 주된 내용입니다. 주민의 자발적 의사에 따라 등록된 한옥은 시에서 개보수 비용을 지원합니다. 외관을 고친다면 3000만 원까지 보조금으로 주고, 내부는 2000만 원까지 저금리로 돈을 빌려 줬어요. 조건은 한옥의 현재 외관을 유지하는 것이었습니다. 내부는 현대식으로 바꿀 수 있게 했어요. 서울시가 이 방안을 채택하면서 많은 주민이 등록 쪽을 택했고 한옥이 보존됐죠.

한계도 있었습니다. 북촌 한옥이 세상에 알려지고 주목을 받으니까 집값이 올라갑니다. 그러자 돈 많은 외지인들이 한두 채씩 사들여서 주말 별장처럼 씁니다. 평일에는 빈집들이 생겨요. 불 꺼진 한옥이 늘면서 마치 유령의 마을처럼 되어 버립니다. 또 하나는 '젠트리피케이션gentrification' 현상이에요. 사람들이 몰려들면서 주변 임대료가 올라가고 이를 감당하지 못한 사람들이 쫓겨나다시피 한옥마을을 떠납니다. 북촌이 관광지로 주목받으면서 밀려드는 관광객 때문에 불편함을 느낀 사람들이 지역을 떠나는 '투어리스티피케이션touristiflcation' 현상도 일어나죠. 그래서 지금은 관광객의 야간 출입을 막고 있어요. 도시 관련 연구를 하면서 수도권, 특히 서울은 이처럼 도시 개발 관련 갈등이 많다는 사실을 새삼 확인했습니다.

이후로도 제가 도시 관련 연구를 쭉 해 왔는데, 요즘은 지방 소멸 문제에 주목하게 되었습니다. 이는 인구 위기와도 관련이 깊죠. 젊은이들이 결혼을 기피하고 결혼을 하더라도 아이를 안 낳는 경향이 많습니다. 다양한 이유가 있겠죠. 저는 시대착오적 개발주의에서 그 원인을 찾고 있어요.

소위 말하는 선진국 도시들은 개발 시대를 거치면서 오늘의 모습이 되었어요. 새롭게 도시를 개발하다가 이제는 낡은 도시를 탈바꿈시키는 재생 시대를 맞고 있죠. 우리도 비슷한 과정을 겪었습니다만, 그들과 달리 여전히 개발 시대에 머물러 있습니다. 지금도 모든 정책이 개발 위주로 돌아갑니다.

부수고 새로 짓겠다는 1960~70년대 사고방식으로 살고 있어요. 이제는 고질병에 가깝습니다.

경쟁과 입시 위주의 교육 시스템과 비슷합니다. 정권이 바뀔 때마다 새로운 정책을 내놓아도 그때뿐이죠. 사람들이 변화에 동의하지 않기 때문이에요. 내 자식이 좋은 대학에 갈 수 있다면 기울어진 운동장이든, 사교육이든 상관없다고 생각하는 학부모들이 많기 때문입니다. 그 결과 자녀 교육비가 엄청나게 상승했죠. 웬만한 월급으로는 감당하기 어려울 정도예요. 부동산도 그렇죠. 개발, 개발하다 보니 집값만 하늘 높은 줄 모르고 올랐습니다. 성실하게 일해서 내 집 마련하기가 불가능에 가까워진 시대에 우리는 살고 있습니다. 그런 상황에서 누가 결혼하고 아이를 낳고 싶겠습니까?

제2공화국 장준하 선생의 국토 개발 구상

우리 상황을 좀 더 객관적으로 보자는 의미에서 해외로 눈을 돌려 보겠습니다. 시야를 조금만 넓혀도 우리가 대단히 불친절한 도시에서 살고 있다는 걸 알게 됩니다. 예를 들어, 도시의 주인은 당연히 사람이에요. 그런데 우리나라는 아닙니다. 자동차가 주인 노릇을 하고 있어요. 보행자는 이리저리 차를 피해 다녀야 하고 아이들은 안전을 위협받으며 학교에 갑니다. 여기에 익숙해진 나머지 우리는 그렇다는 사실조차 인식하지 못해요. 우리는 이미 선진국입니다. 하지만 사는 모습은 그렇지 않아요. 우리보다 가난해도 행복하게 잘 사는 사람들과 도시들이 많습니다.

오스트리아의 수도 빈은 세계인들이 가장 살고 싶어 하는 도시 중 하나입니다. 그런데 이곳 시민 중 임대 주택에 사는 사람이 60% 이상이에요. 공공 임대 주택이나 사회 주택이 활성화되어 평생 안심하고 살 수 있어요. 우리처럼 재개발하고 집값이 뛰고 쫓겨나고 하는 일은 없습니다. 이런 주거 정책이야말로 '살고 싶은 도시'의 토대라고 할 수 있어요. 아무리 시설 좋고 풍경이 아름다워도 살 데가 없다면 그림의 떡에 불과하겠죠. 그런데 유럽 대부분 나라가 빈처럼 공공 주택 비율이 높습니다. 15~30% 비율인 걸로 알고 있어요.

우리나라는 한 자릿수에 못 미칩니다. 턱없이 부족한 셈이죠. 우리는 여전히 집을 거주의 대상이 아닌 돈벌이 수단으로 생각하는 사람들이 많아요. 과거 대규모 토목 공사로 큰돈을 벌던 개발 시대의 유산이죠. 정부 정책 또한 이를 부추기고 있고요. 부동산 영역에서 공공적 가치가 손상된 데는 하나의 계기가 있었습니다. 바로 1997년 겨울에 발생한 IMF 구제

금융 사태예요. 이는 우리나라 역사의 가장 큰 변곡점이 되는 사건이었다고 봐요. 당시 국가가 부도나면서 공공 영역부터 무너지기 시작했습니다. 이윤의 논리가 사회 전반에 퍼져 나 갔어요.

그전까지만 해도 돈 버는 것도 좋지만, 함께 먹고살자는 공동체 의식이 있었습니다. 세금 걷어서 힘든 사람들 도와주 는 게 당연했어요. 그래서 공공 임대 주택도 짓고 민간 건설 사가 짓는 아파트 단지에도 장기 임대 주택을 꼭 지어야 했 습니다. 그러다 IMF 사태를 기점으로 완전히 수익 창출 수 단으로 바뀌어 버렸죠. 사람들은 남 챙길 여유가 없다고 생 각했습니다. 나부터 살고 보자는 인식이 마음 깊이 각인되고 말았어요. 부동산 문제, 지방 소멸 문제는 뒷전으로 몰려났 고, 그런 무심한 마음들이 지금 우리 도시의 모습을 만들었 다고 생각합니다.

앞서 우리가 1960~70년대식 사고에 머물러 있다고 말씀 드렸는데요. 그렇다면 당시로 돌아가 우리나라 도시가 어떻 게 개발되었는지 알아보겠습니다. 1960년 4·19 혁명으로 이 승만 정권이 무너지고 제2공화국이 들어섭니다. 이때 장면 정부는 전반적인 국토 개발 계획을 세워요. 이를 주도한 분이 훗날 박정희 군부 독재에 맞서 싸운 장준하 선생입니다. 「사상계」를 창간한 분이죠. 이분을 영입하려고 당시 장면 총리가 몇 번이고 찾아갔어요. "당신은 우리 시대 최고의 지성인이다. 지금 우리나라는 농촌이나 도시나 모두 살기 힘들다. 그러니 국토를 개발해 잘살 수 있도록 계획을 세워달라" 이렇게 부탁한 겁니다.

당시 한국은 세계에서 가장 가난한 나라였습니다. 국토는 한국 전쟁 이후 폐허가 되다시피 한 상태였어요. 결국 1961년 2월 장준하 선생은 국토건설본부 기획부장을 맡습니다. 그의 첫 번째 구상은 선先 농업 발전, 후後 공업화였어요. 일본, 대만, 이스라엘, 미국처럼 1차 산업의 기반을 단단히 해서 농촌을 잘살게 한 다음에 공업화를 해야 한다고 생각했어요. 당시 전국 대졸 미취업자가 1만 명 정도였다고 합니다. 그중 2000명을 선발해서 전국으로 보냅니다. 이들에게 지방 사정을 파악하게 하고, 중앙으로 불러서 교육한 다음에 내려보내 적어도 2년씩은 군수를 시킬 예정이었어요. 완전히 바닥에서부터 새롭게 시작하자는 계획이었는데, 그해 5월 군사 쿠데타가 일어나면서 중단되어 버렸죠.

박정희 정부는 국토 건설단 인원들을 검증된 엘리트로 채우려던 계획을 바꿔, 병역 미필자 또는 부랑자 등을 뽑아다가 공사 현장에 투입했어요. 그러고는 선先공업화로 방향을 바꿉니다. 박정희 정부의 국토 개발은 한마디로 속도전이었어요. 과정보다 결과가 중요했습니다. 사회 각 영역이 성과 위주 개발주의적 사고에 지배당합니다. 대표적인 게 '성장 거점 개발론'이었습니다. 각 지방을 골고루 개발하는 게 아니라, 서울과 부산 같은 대도시 위주로 갑니다. 공업화도 대기업 키우기 전략을 쓰죠. 그 결과 단기간에 발 빠른 성장을 이룹니다. 하지만 부작용도 엄청났죠. 오늘날 우리는 격차와 편중, 그리고 불균형의 시대를 살고 있습니다. 어떻게 보면 편법으로 고도성장을 했지만 후유증에 시달리고 있는 거예요.

많은 나라가 개발 시대를 지나 재생의 시대로 가고 있는데, 우리는 지금도 멀쩡한 동네를 부수고 초고층 아파트를 지어요. 선진국에서는 볼 수 없는 현상이죠. 우리 사회 전반에 개발주의자들, 특히 토목 건설 기득권들이 지배하고 있습니다. 웬만한 언론사, 방송사 소유자가 건설사라는 점이 이를 잘 보여 주죠. 계속해서 부동산 개발을 부추기는 기사가 쏟아집니다. 인구는 갈수록 줄어드는데 계속해서 신도시 짓자고 하고, 지방 대도시는 미분양 사태가 속출하는데도 아파트 건설이 한창이에요. 인구는 줄고 청년은 살 곳이 없는데 빈집은 늘어납니다. 저는 이런 문제들을 해결하려면 우리가 본질을 꿰뚫어 볼 눈을 가져야 한다고 생각해요. 그래야 오랫동안 우리를 괴롭혀 온 고질병을 고칠 수 있습니다. 그렇다면 우리 도시의 풍경에서 만나는 개발주의의 폐해는 무엇이 있을까요? 하나하나 살펴보도록 하겠습니다.

자동차 중심에서 보행자 중심으로

오늘날 우리나라는 선진국이지만 국민 상당수가 거주하는 도시에 굉장히 취약한 부분이 있습니다. 바로 '이동' 문제입니다. 이동 수단을 무엇으로 할지는 많은 도시 연구자가 고민하는 지점이에요. 우리나라의 도시는 자가용 같은 개별 이동 수단을 우선시합니다. 그다음이 버스나 지하철 같은 대중교통이죠. 자전거를 타거나 걸어 다니는 사람은 상대적으로 적습니다. 도시설계가 그렇게 되어 있어요. 자가용 위주로 구성되어 있습니다. 거미줄처럼 도로가 뚫려 있어서, 골목골목까지 자가용이 들어갈 수 있어요. 이는 그만큼 보행자 이동이 제한받는다는 뜻입니다.

저는 이런 구조를 바꿔야 한다고 생각합니다. 자가용 이용은 최대한 줄이고 대중교통과 자전거, 보행을 늘려야 합니다. 여기에는 휠체어, 유아차, 특히 이동에 어려움을 겪는 어린이와 노약자 등의 이동이 포함돼요. 이는 환경적 측면에서도 중요한 의미가 있습니다. 자가용 같은 개인 교통에 의존하는 도시는 결코 친환경 생태 도시가 아니에요. 개인 차량은 엄청난 양의 탄소를 배출합니다. 가솔린, 디젤 엔진을 쓰는 차가 가장 많고 하이브리드 차는 그보다 적기는 하지만 상당한 양의 탄소가 나오죠. 오토바이나 스쿠터도 마찬가지입니다. 전기 차나 수소 차는 아예 탄소가 안 나온다고 생각하지만 그렇지 않아요. 주행 중에는 나오지 않지만 생산 과정에서 탄소를 많이 배출합니다. 가장 좋은 건 대중교통 이용을 늘리고 자전거를 타거나 걸어 다니는 거예요. 서울이나 수도권은 대중교통을 많이 이용합니다만, 그 외 지역은 자가용 이동 비율이 상당히 높습니다. 이걸 바꿔야 해요.

저는 자가용 위주의 도시를 대중교통, 자전거, 보행의 도시로 바꾸자는 취지의 글을 2002년 「광주일보」에 기고한 바 있습니다. 그때 '대자보 도시'라는 말을 처음으로 썼어요. 대중교통, 자전거, 보행의 앞 글자를 따서 새롭게 만든 용어입니다. 대자보가 많을수록 살기 좋은 도시예요. 이후로도 "자동차 도시를 대자보 도시로"라는 주장을 계속해 왔어요. 지금은 일반 명사처럼 널리 쓰이고 있죠. 예컨대 광주광역시에서는 2024년에 저를 '대자보 도시' 정책 자문관으로 위촉했어요. 이에 광주를 방문하면서 우리나라 최초의 대자보 도시를 만들어 보려고 노력 중입니다.

해외 사례를 한번 보도록 하죠. 1990년대 중반 자료인데요. 독일의 뒤셀도르프에는 중앙역이 있습니다. 도시의 관문이나 다름없는 장소죠. 방문자가 기차역에 딱 내리면 바로 앞에 노면 전철인 트램으로 갈아탈 수 있는 환승장이 있습니다. 도로를 건널 필요가 없습니다. 몇 걸음만 걸으면 목적지로 가는 교통수단으로 갈아탈 수 있어요. 이번에는 비슷한 시기 우리나라 서울역을 볼까요? 기차에서 내려 광장으로 내려오면 처음 마주치는 곳은 자가용 주차장입니다. 그다음이 택시 승강장이죠. 한참 떨어진 곳에 버스 정류장이 있습니다. 이것만 봐도 그 도시가 어떤 이동 수단을 우대하는지 한눈에 알 수 있어요.

뒤셀도르프는 보행자 위주입니다. 우리나라는 자가용이에요. 그다음이 택시, 그다음이 버스 이용자입니다. 당시 서울역 앞에는 횡단보도도 없었습니다. 그래서 보행자들은 지하도를 이용해야 했어요. 그러니까 시골에서 도시에 사는 자식들 보러 서울에 올라온 어르신들은 어떻게 해야 합니까? 기차가 멈추면 무거운 짐을 들고서는 계단을 내려와서 광장으로 나옵니다. 그러고 버스를 타려면 지하 계단을 통해 한참을 걸어서 정류장까지 가는 거예요. 1990년대 당시에는 에스컬레이터나 엘리베이터조차 설치되어 있지 않았습니다. 얼마나 고생스러웠겠어요. 그 덕분에 서울역 앞을 지나는 차량들은 멈춤 신호 없이 빠르게 다닐 수 있었겠죠.

제가 그 무렵 네덜란드 암스테르담을 방문한 적이 있습니다. 일요일에 택시를 타고 교외로 나갔는데, 차도 옆으로 자전거가 계속 지나가요. 가만히 보니까 안장에 큰 가방이 실려 있습니다. 궁금해서 암스테르담에 오래 살았다는 가이드에게 어디로 가는 사람들이냐고 물었어요. 그랬더니 휴가 가는 중이라는 놀라운 대답이 돌아와요. 거리도 엄청나게 멀어서 우리로 치면 서울에서 강릉까지 그렇게 간다는 겁니다. 네덜란드는 자전거 천국입니다. 국민 1인당 자전거 보유 대수가 두 대 이상이에요. 최소 집과 직장에 한 대씩 있는 겁니다. 곳곳에 보관소가 설치되어 있고, 자동차로부터 안전하게 주행할 수 있도록 자전거 전용 도로가 전국에 깔려 있습니다. 굳이 자가용을 이용하지 않더라도, 자전거만으로도 멀리 이동할 수 있습니다.

최근에는 3년 전 학생들과 함께 암스테르담에 갔습니다. 서울시립대학교에는 '도시 미래 인재 양성 프로그램'이 있는데, 방학 때마다 학생들 네 명과 지도 교수 한 명을 세계에 있는 서울의 자매 도시로 파견합니다. 교수는 일주일 후에 돌아오고 학생들은 그곳에서 한 달을 지냅니다. 비용은 학교가 지원하고요. 당시 학생들은 시내의 비싼 집 대신 도시 외곽에 있는 숙소를 에어비앤비로 한 달간 임대했습니다. 이동은 전기 자전거로 해결하고요. 전기 자전거 한 달 임대 비용이 우리 돈으로 15만 원 정도예요. 암스테르담 남쪽 교외에서 시내까지 30분 걸립니다. 지하철을 타도 마찬가지로 30분 걸려요. 저도 하루 종일 전기 자전거를 타고 돌아다녀 보았는데요. 도로가 정말 편리하게 되어 있더라고요. 네덜란드가 왜 자전거 천국인지 다시 한번 실감할 수 있었습니다.

모더니즘 건축의 실패작, 프루이트-아이고 프로젝트

길(도로)은 도시 교통의 흐름을 결정짓는 요소 중 하나입니다. 이는 크게 둘로 나눌 수 있는데요. 영어로 표현하면 하나는 로드road고, 다른 하나는 스트리트street예요. 두 개념은 차이가 있습니다. 서울대학교 환경대학원의 황기원 교수님은 로드를 면도날에, 스트리트는 염주 혹은 묵주에 비유해요. 로드는 출발지와 목적지를 가장 빨리 연결해 주는 기능 중심 도로입니다. 두 점을 잇는 가장 빠른 선이 바로 직선이죠. 그래서 로드는 면도날로 그은 것처럼 반듯하게 만들어집니다. 고속도로가 대표적이에요. 이런 길은 속도가 중요합니다. 스트리트는 다르죠. 이런 길은 과정이 중심입니다. 골목길 또는 시장길처럼 이곳저곳을 거치죠. 길을 걸으며 물건도 사고 이웃도 만납니다.

길은 다양한 쓰임새가 있습니다. 자동차 주행 공간이면서, 사람이 걷는 보행 공간이기도 합니다. 횡단보도는 신호에 따라서 차도였다가 보도가 됩니다. 우리나라 도로에는 많이 없습니다만, 휴식 공간도 있죠. 차량 운전자들은 갓길에 차를 대고 눈을 붙이고, 보행자들은 길을 따라 걷다가 벤치에 앉아 쉽니다. 때로는 거리 예술이 펼쳐지는 공간이 됩니다. 길을 막아 무대를 설치하고 특별한 이벤트를 벌이거나, 가난한 예술가들의 공연장이 되기도 합니다.

이탈리아의 관광 도시 베네치아에서는 매년 2월경에 축제가 열립니다. 그 기간 도시 곳곳의 길에서는 매우 흥미로운 일들이 펼쳐져요. 어릿광대가 재미있는 연극을 하기도 하고, 가난한 화가가 그림을 전시합니다. 벼룩시장이 열리거나 서로 책을 교환하는 장소가 되기도 합니다. 싱가포르는 아예 도심 번화가의 도로에 그런 공간을 만들어 놓았어요. 전시 공간을 설치하고 이곳에서 사진전이나 그림 전시회를 엽니다. 길

자체가 하나의 갤러리인 셈이에요.

아마 유럽 여행을 다녀온 분들은 기억하실 텐데요. 노상 카페나 식당에서 음료를 마시거나 식사를 합니다. 유럽 사람들은 특히 길가 좌석을 선호해요. 그만큼 흥미롭기 때문이에요. 길이라고 하는 장소는 각본 없는 드라마가 펼쳐지는 무대입니다. 가만히 앉아서 지나가는 사람들 구경만 해도 즐겁죠. 도시의 길은 특별한 경험을 우리에게 안겨 줍니다.

미국의 사회 운동가이자 언론인인 제인 제이콥스는 1961년『미국 대도시의 죽음과 삶The Death and Life of Great American Cities』이라는 책을 출간했습니다. 그는 도시를 바라보는 기존의 관점을 크게 바꾸어 놓은 인물이에요. 당시는 20세기 초 미국과 유럽에서 시작된 모더니즘 도시계획이 전 세계로 확산되던 시기였어요. 그전 도시 건축은 어느 나라나 비슷했어요. 대부분 벽돌이나 나무로 지은 저층 건물이었죠. 기술적으로 건물을 높이 올릴 수 없었습니다. 높아야 6~7층 정도였죠. 그러다 철골 구조가 등장하고 엘리베이터가 발명되면서 100층도 너끈히 지을 수 있게 된 거예요. 건축과 토목 기술의 발전은 도시 자체뿐만 아니라 도시에 관한 생각까지 바꾸어 놓습니다.

한동안 미국도 우리처럼 철거와 재개발이 유행이었습니

다. 그러다 한계에 도달하면서 도시와 건축을 보는 관점이 바뀌게 되는데요. 1954년 시행된 프루이트-아이고Pruitt-Igoe 프로젝트는 모더니즘 건축의 대표적인 실패 사례로 꼽힙니다. 미국은 저소득층인 흑인 주거 문제를 해결하고자 미주리주 세인트루이스에 대규모 공공 주택 단지를 건립했습니다. 그러나 애초의 목표와 달리 백인 중산층은 교외로 빠져나가고 빈곤층은 임대료를 내지 못해 더욱 가난해지는 역효과를 가져왔습니다. 도시는 우범 지대로 변하고 정부의 방치로 이 지역의 거주 환경이 급격히 나빠졌어요. 결국 정부는 실패를 인정하고 이곳에 지은 아파트들을 모조리 폭파 해체합니다. 이후 기존의 개발주의는 획일적 개발을 거부하고 지역과 문화, 역사적 맥락을 강조하는 포스트모더니즘 도시계획으로 흐름이 바뀌게 되죠.

　제인 제이콥스의 책에서 그 실마리를 찾을 수 있는데, 그는 도시에서 가장 중요한 장소로 '길'을 꼽으면서 이를 발레에 비유합니다. 발레 공연을 보면, 춤추는 이들이 들어왔다가 빠져나가고 다시 2막이 시작되잖아요. 그와 마찬가지로 다양하고 역동적인 활동들이 길 위에서 이루어진다고 본 거예요. 우리가 실제로 새벽부터 밤까지 길을 유심히 관찰한다고 해 볼게요. 이른 새벽이면 먼저 청소하시는 분이 등장하죠. 그다음에 일찍 출근하는 직장인, 그리고 학생들을 길에서 만납니다. 이런 역동성을 발레에 비유한 겁니다. 이런 관점은 이전의 모더니즘 건축에서는 찾아볼 수 없는 생각이었죠. 최근 파리의 센 강변도로는 주말이면 차량 통행을 막습니다. 그러면 시민들이 몰려나와서 산책하거나 자전거나 인라인스케이트를 즐깁니다. 길을 기능적으로만 해석하지 않고 문화적 공간으로 바꿔 놓은 거예요.

우리도 길에 대한 관점을 '로드'에서 '스트리트'로 바꾸어야 합니다. 설계 단계에서부터 두 지점 간 최단 거리 자동차 길이 아니라, 시민들이 다채롭게 경험하는 공간으로 설계해야 해요. 그래야 차가 아닌 사람을 위한 도시가 될 수 있습니다. 같은 맥락에서 도시 소외 계층에 관한 배려를 포괄해야 합니다. 건강한 성인 보행자뿐만 아니라, 장애인이나 노약자 같은 약자들이 이용하는 데 제약이 없어야 해요. 이른바 모든 이를 위한 설계, 즉 유니버설 디자인universal design이 바로 그것입니다.

2016년 네덜란드에서 '어반 95 이니셔티브Urban 95 Initiative' 운동이 시작됩니다. 여기서 95는 세 살 아이들의 평균 신장이에요. 95센티미터 꼬마 아이의 눈높이로 보자는 거예요. 남자 성인 표준에 맞춰진 시설물들을 모두가 편히 이용하도록 바꾸자는 운동입니다. 예컨대 우리가 관공서 출입할 때 무거운 출입문을 세 살 꼬마가 밀 수 있을까요? 차도와 보도마다 턱이 있습니다. 성인들은 아무렇지 않게 인도를 디딜 수 있지만, 아장아장 걷는 아이들에게는 큰 장벽이죠. 차도와 보도의 경계에 심어 놓은 교목이나 울타리도 높습니다. 울타리에 가려졌던 꼬마 아이가 갑자기 인도로 튀어나오면 사고 위험성이 있죠. 그래서 요즘은 울타리를 투명하게 해서 그 너머가 보이도록 설치합니다.

자동차에 빼앗긴 도시 공간

자가용 위주의 설계는 도시 공간 점유 비중에서도 드러납니다. 1인당 차지하는 공간이 자가용이 가장 많습니다. 한 명이 타지만 폭이 좁은 자전거와 한 번에 수십 명이 탈 수 있는 버스만 비교해도 이해가 쉽죠. 자가용 중심 도시설계는 그만큼 보행자의 공간을 빼앗습니다. 대중교통 위주로 하면 훨씬 작은 공간으로 더 많은 사람을 이동시킬 수 있습니다.

사람이 자동차에 도시 공간을 빼앗긴 게 실은 얼마 안 돼요. 자동차 발명 초기만 해도 사람들은 걷거나 말을 타고 다녔습니다. 가격도 비싸고 전용 도로도 별로 없었으니까요. 그러다 20세기 초 컨베이어벨트를 이용한 포디즘Fordism의 도입으로 대량 생산의 길이 열리죠. 평범한 노동자들도 차를 구입할 수 있을 만큼 가격이 싸집니다. 이른바 '자동차 대중화 시대'가 시작되었지요. 우리나라는 그보다 한참 후에 자동차 대중화 시대를 맞았습니다. 1980년대까지만 해도 '자가용'은 부의 상징이었다가 이후 급속도로 보급됩니다.

자동차 대중화 시대가 오기 전에 우리는 어떻게 살았을까요? 제 기억을 더듬어 보면 도로 양옆으로 나지막한 건물이 늘어서 있었습니다. 1층은 대개 가게들이 있고, 2층은 사무실, 3층에는 사람들이 살았죠. 창밖으로 거리가 내려다보이고, 사람들은 집에서 직장까지 걸어서 혹은 자전거로 출퇴근했습니다. 이런 상황에서는 굳이 차를 살 필요가 없습니다. 그러다 어떻게 바뀌어요? 도심이 아닌 교외에 새롭게 신도시들이 들어서죠. 중산층들이 이주해 그곳에 살면서 자동차로 출퇴근하기 시작합니다. 당시 자동차 회사들도 이를 적극적으로 홍보해요. 쾌적한 외곽 도시에 살면서 자가용 차를 타고 그 안에서 좋아하는 노래를 들으면서 도심으로 출근하는 '마이카 시대'를 홍보했지요. 이런 장면이 하나의 로망으로 여겨지면서 소비를 자극해요.

자동차가 대중화되면서 소비 패턴도 달라집니다. 주말에

차를 몰고 마트에 가서 쇼핑하는 장면이 이때부터 시작돼요. 그전에는 집 앞 슈퍼에서 필요한 물건을 그때그때 샀습니다. 한꺼번에 많은 물건을 사니 보관할 곳이 필요해집니다. 냉장고 용량이 늘어나죠. 자가용 보급이 늘면서 정유 회사, 유통 회사와 가전 회사 매출이 늘어납니다. 물론 건설사도 엄청난 돈을 벌죠. 아파트 단지들이 점점 도심 외곽으로 뻗어 나갑니다. 도시가 수평적으로 확산되는 현상을 스프롤sprawl이라고 합니다. 한때 도시학자들도 이를 긍정적으로 봤어요. 그러나 지금은 아무도 그렇게 이야기하지 않습니다. 오히려 지금은 도시 기능을 중심부로 고밀도화하는 콤팩트 시티compact city, 즉 압축 도시로 가자고 해요.

우리가 갑작스레 자동차 대중화 시대를 맞으면서 생긴 또 다른 문제는 주차입니다. 일본은 차고지 증명제를 일찍이 도입했어요. 차를 보유할 공간, 즉 주차 공간을 확보해야 차를 살 수 있게 했습니다. 우리나라도 시민 단체에서 도입을 주창했지만, 결국 안 됐어요. 어떻게든 차를 팔아 치우려는 자동차 회사 목소리가 더 컸기 때문입니다. 그러다 보니 아이들이 뛰놀던 골목길이 전부 주차장으로 바뀐 거예요. 학교 주변도 마찬가지죠. 등·하교 때 보면 무척 혼잡합니다. 아이들이 쌩쌩 지나가는 차들 사이로 위태롭게 걸어가요. 차가 다닐 길만 만들고 사람 다닐 길은 안 만들어요. 지방 국도도 사정은 마찬가지입니다. 차가 늘면서 보행자 안전이 위협받고 있어요.

과거 일본에서 이 문제를 바꾸려는 시도가 있었습니다. 1967년부터 12년간 도쿄 지사를 역임한 미노베 료키치美濃部亮吉가 주인공입니다. 사회당·공산당 연합 후보로 출마해 3선에 성공한 그는 복지와 시민 참여를, 개발보다 보존을 강조했습니다. 미노베 지사는 도로 방정식도 바꾸었습니다. 필요한 만큼 차도를 먼저 만들고 나머지로 보도를 만든다는 기존의 도로 방정식(도로-차도=보도)을 정반대로 바꾸어 보도를 필요한 만큼 만들고 나머지로 차도를 만든다는 미노베 방정식(도로-보도=차도)을 제안하고 실행했습니다.

이번엔 두 장면을 비교하면서 우리나라 도로 사정을 보도록 하죠. 1990년대 말 서울의 잠실 아파트 단지 앞 건널목입니다. 할머니 한 분이 길을 건너는데 중간에 경고음이 들리더니 빨간색으로 바뀌어요. 같은 시기 샌프란시스코 건널목입니다. 노부부가 함께 길을 건너는데 건너편에 도착하고도 한참 동안 보행자 신호는 초록색이에요. 왜 우리나라 신호는 저렇게 짧을까요? 두 나라 도로 폭을 비교하면 우리 쪽이 훨씬 넓습니다. 샌프란시스코가 20미터쯤 되는데 잠실은 폭이 50미터쯤 됩니다. 도시 공간 단위인 블록 크기도 다르죠. 우리는 '슈퍼 블록'이라고 해서 강남 개발할 때 단위를 큼직하게 잡았어요. 반면 샌프란시스코는 '스몰 블록'이에요. 작은 블록들이 이어져 있으니 길을 걸을 때 다양한 경로를 선택할 수 있습니다. 멀리 돌아가지 않아도 되고요. 스몰 블록과 좁은 길은 걷는 사람들에게 좋습니다. 슈퍼 블록과 넓은 도로는 차에 유리하고요. 당연히 샌프란시스코가 보행자 친화적입니다.

길을 바꾸면 소통이 달라진다

우리 신도시를 보겠습니다. 설계 자체를 주거지나 상업 지구처럼 구역별로 나누어서 합니다. 이런 도시는 자동차로 이동해야 해요. 걸어 다니기에는 거리가 멀죠. 옛날에는 길을 따라 여러 용도의 건물이 섞여 있었습니다. 지금은 분리가 되어 상호 소통이 어렵죠. 요즘 생긴 혁신 도시를 보면 해당 구역 안에서 모든 활동이 이루어집니다. 일도 하고 밥도 먹고 차도 마시죠. 건물 바깥은 그냥 벌판이에요. 홀로 동떨어져 있습니다. 일종의 근대 도시죠. 예전의 도시는 이러지 않았습니다.

1930년대에 세계적인 건축가 르 코르뷔지에Le Corbusier는

'빛나는 도시Radiant City'를 제안합니다. 당시 프랑스 파리는 6층쯤 되는 건물들이 블록을 이루고 있었죠. 건물끼리 딱 붙어 있어서 햇볕도 안 들고 바람도 안 통해서 답답했어요. 그래서 그는 주거지와 상업지를 분리하고자 했어요. '빛나는 도시'는 보행자와 차량을 분리한 고층 건물 중심의 도시였습니다. 건물과 건물을 자동차 전용 도로로 연결하고, 건물과 건물 사이는 열린 공간으로 비워 두는 방식이었어요. 그런데 막상 이런 식으로 도시를 지어 놓고 보니 안 좋아요. 자동차 중심인 데다 사회적 관계나 지역 공동체가 무시되었다는 비판을 받아요. 그래서 유럽은 이제 그런 식으로 도시를 짓지 않습니다. 우리나라와 중동의 몇몇 도시들이 이런 방식을 여전히 고수하고 있을 뿐이죠. 한국에는 이러한 건축이 많습니다. 하나만 딱 떨어뜨려 놓고 보면 멋진데 주변과 소통하지 못해요.

미국 도시계획 전문가인 데이비드 서커David Sucher는 『쾌적한 도시City Comforts: How to Build an Urban Village』라는 책에서 도시설계 원리들을 이야기합니다. 그중 하나가 '보행로에 맞춰 건설하기build to the side walk'예요. 사람들이 걷는 길가에 쭉 맞춰서 너무 높지 않게 건물을 지으라는 뜻입니다. 보행자들이 낮은 가게에서 구경도 하고 흥정도 하면서 다닐 수 있게끔 말이죠. 옛날 우리 종로나 서울 도심부가 다 이랬습니다.

그런데 재개발 이후 고층 빌딩들이 솟아오르면서 완전히 달라지죠. 이제는 걸어 다니면서 이것저것 구경할 일이 별로 없어졌어요.

우리나라 예전 아파트들, 예컨대 서울 강남의 구반포 아파트와 압구정동 현대아파트, 그리고 용산 이촌동의 아파트 단지들이 그랬습니다. 이 아파트들 공통점이 바로 노선 상가예요. 길가에 상가 건물이 쭉 늘어서 있었습니다. 요즘은 상가 건물이 단지 안으로 들어가잖아요. 외곽은 울타리를 쳐서 밖에서 못 들어옵니다. 그런데 과거에는 아파트를 둘러싸고 보도를 따라 나지막한 2~3층짜리 상가가 늘어서 있었어요. 단지 주민은 물론 행인들도 들락거릴 수 있었습니다. 폐쇄성을 벗어나 길을 향해 말을 건네는 소통의 방식이었어요. 지금과는 아주 달랐습니다.

보행자가 행복한 도시로 바꿔야 한다는 움직임이 우리나라에서도 일어납니다. 1990년대 초에 보행권 시민운동이 시작돼요. 성과도 있었습니다. 보행자 우선 도로 1호가 바로 덕수궁길이에요. 예전에는 사람이 지나다니기가 어려울 정도였는데, 차량이 속도를 높이지 못하게 길을 구불구불하게 꺾고 차도를 좁히는 대신 보행로를 확보하고 나무를 심었습니다. 1990년대 말에는 서울의 명동, 관철동, 인사동에 최초로

'차 없는 거리'가 등장합니다. 요즘은 시간을 정해서 차량 통행을 제한하는 곳도 많이 생겼죠.

시청 앞 광장도 많이 달라졌습니다. 예전에는 교통량이 많고 고속도로 나들목처럼 끊임없이 차들이 회전하는 지점이었어요. 지상에는 사람이 건널 곳이 없었죠. 지하도가 유일했어요. 그러나 광장으로 변신하면서 오늘날의 모습이 된 겁니다. 대각선 횡단보도scramble crossing도 이 시기에 등장합니다. 그전에는 사거리에서 보행자가 대각선 방향으로 건너가려면 신호를 두 번 받아야 했어요. 지금은 딱 한 번에 원하는 방향으로 갈 수 있어요. 이렇게 되면 운전자들이 기다리는 시간은 좀 더 길어지지만, 보행자로서는 매우 편리해집니다. 결국은 선택의 문제인 겁니다.

'대자보 도시'는 대중교통 이용자를 우대합니다. 여기에는 속도와 비용의 두 가지 측면이 있습니다. 자가용보다 더 빨리 저렴한 가격에 목적지로 데려다줘야 해요. 그래야 시민들이 대중교통을 선택하지 않겠어요? 버스 전용 차선제도 그런 취지에서 시행된 정책이고요. 몇 가지 사례를 더 보겠습니다.

2005년에는 광화문 앞에 처음으로 횡단보도가 생겼습니다. 우리나라 국보 1호 숭례문은 섬처럼 고립되어 있었어요. 2019년부터는 서울 사대문 안은 '녹색 교통 진흥 지역'으로 지정해 자동차 통행을 제한하고 친환경 교통수단을 활성화하고 있습니다. 2015년에는 안전 문제로 서울역 앞 고가 도로의 차량 통행이 전면 통제됩니다. 그리고 2년 후에 '서울로 7017'이라는 보행자 전용 공원으로 재탄생합니다.

2023년 5월에는 '세종대로 사람숲길'이 개장합니다. 세종대로는 우리나라의 상징적인 큰길이죠. 광화문에서 시청 앞을 지나서 남대문과 서울역까지 이어지는 길에서 한 차선씩 없애고 그곳을 자전거 도로로 바꾸었어요. 녹지 공간과 보행로를 확대했습니다. 2021년에는 '5030 정책'이라고 해서 도심 내 차량 속도를 제한합니다. 과거 시속 60킬로미터이던 간선 도로 주행 속도를 시속 50킬로미터로 낮추고 주택가나 학교 앞에서는 시속 30킬로미터로 제한했습니다. 모두 보행자의 안전을 위한 조치였어요.

보행자를 위한 영국 횡단보도 사례

다른 나라 사례들도 말씀드리겠습니다. 덴마크 수도 코펜하겐은 1962년부터 96년까지 30년 넘게 지속적으로 도시를 바꿔요. 이곳 중심가는 원래 자동차로 넘쳤습니다. 길가는 물론 광장도 온통 자동차로 꽉 찼죠. 그러다 당시 주요 쇼

핑가이던 스트뢰게트^{Strøget}를 보행자 전용 거리로 지정합니다. 차가 못 다녀요. 그러고 나니 어떤 현상이 벌어지느냐면, 시끄럽고 매연 가득했던 거리로 사람들이 몰려듭니다. 당연히 상점들 매상이 엄청나게 올라요. 그걸 보고 다른 지역에도 보행자 전용 도로를 만들어요. 한꺼번에 하는 게 아니라 수십 년에 걸쳐 천천히 시행합니다. 이렇게 야금야금 바꾸는 것도 좋은 전략이에요. 한 번에 바꾸면 저항이 따르잖아요. 천천히 공감과 지지를 바탕으로 더 큰 변화를 만들고자 했던 것입니다.

또한 주택가 골목길에 '보차 공존 도로^{woonerf}'를 지정해서 차량 속도를 제한합니다. 여기서는 자동차가 사람의 걸음보다 빠른 속도로 갈 수 없어요. 여기서 교통사고가 나면 100% 운전자 과실이에요. 차와 보행자가 도로를 함께 사용하되 중심은 사람입니다. 다른 나라도 비슷한 정책이 있죠. 독일은 '템포 30 존^{Tempo 30 Zone}'을 두고 시속 30킬로미터로, 영국은 '20엠피에이치 존^{20mph Zone}'을 두어 대략 시속 36킬로미터로 제한합니다. 나라마다 비슷한 속도를 제시하는 이유는 급제동 시 안전거리 때문입니다. 시속 50킬로미터로 운전하는 차는 15미터 전방에서 갑자기 사람이 튀어나왔을 때, 치고 지나갈 수밖에 없습니다. 30킬로미터는 되어야 사고 전에 차를 세울 수 있습니다. 일본에는 '커뮤니티 존Community Zone'이 있죠. 말 그대로 차량 속도를 제한해 보행자 안전을 지키자는 겁니다. 이런 장치들을 통틀어서 '트래픽 카밍Trafic calming'이라고 해요. 우리말로 풀이하면 '교통 정온화' '교통 진정'쯤 될 텐데요. 저는 '자동차 길들이기'로 번역합니다.

차량 속도를 줄이려는 시도는 다양합니다. 교차로 일부 구역을 색이나 재료를 달리해서 약간 높여 줍니다. 그러면 피해 가느라 속도를 줄여요. 소방차나 비상 차량은 그냥 타고 넘어가도 됩니다. 이를 '오버런 에어리어Overrun Area'라고 합니다. 자동차 속도를 줄이도록 차도를 꺾거나 표면을 거칠게 하기도 합니다. 우리가 길에서 자주 보는 과속 방지턱도 이런 장치 중 하나여서 자동차의 안전 속도를 유도합니다.

영국은 횡단보도에 진심인 나라예요. 종류도 매우 다양합니다. 예를 들어서 영국에는 동물 이름을 딴 네 개의 횡단보도crossing가 있는데, 그중 얼룩말zebra 횡단보도에는 신호가 없습니다. 보행자는 좌우를 살피다가 차가 안 오면 아무 때나 건너가요. 대신 운전자는 조심하라는 취지로 그 앞 차선을 지그재그로 꺾고, 양쪽 보도에 운전자의 시선을 끄는 황색등과 함께 얼룩무늬 기둥을 세웁니다. 펠리컨pelican 횡단보도는 보행자가 신호를 조작합니다. 버튼을 누르면 파란불이 들어와요. 우리나라에도 이런 신호등 있죠. 퍼핀puffin 횡단보도는 펠리컨처럼 보행자 조작에 감지 센서를 추가해서 주위에 차가 없으면 파란불, 사람이 다 지나가면 빨간불이 들어옵니다. 큰부리새Toucan는 자전거와 보행자가 함께 건널 수 있는 횡단보도 이름입니다. 심지어 말 타는 사람들이 많은 동네에는 승마자를 위한 신호를 따로 주기도 합니다.

횡단보도의 바닥 높이를 보도 높이와 같게 하면 보행자는 평평한 길을 편하게 걸으며 횡단보도를 건널 수 있습니다. 반면 우리 횡단보도는 보도에서 아스팔트 차도까지 경사로를 걸어 내려와 횡단보도를 건넌 뒤 다시 경사로로 올라 보도에 이어지는 식이죠. 외려 사람이 걷는 길이 오르락내리락하는 방식입니다. 보행 신호도 아주 짧죠. 건너가다 보면 파란불이 깜빡입니다. 고령 사회인 일본은 노인 보행자를 보호하고자 목걸이를 나눠 줍니다. 이걸 차고 횡단보도 앞에 서면 센서가 이를 감지해서 보행 신호 시간을 늘려 줍니다. 아무래도 걷는 속도가 느릴 수 있으니까요. 우리도 이런 배려는 배울 만합니다.

제가 1999년 미국 뉴욕시로 출장 갔을 때입니다. 당시 루디 줄리아니Rudy Giuliani 뉴욕 시장이 맨해튼 타임스퀘어 교통 혼잡 지역의 교차로 횡단보도 한쪽을 막았어요. 사람이 못 건너다니게 해서 차량 회전을 원활히 하려는 겁니다. 그리고 사람들이 아무 데서나 길을 건너가는 것을 막기 위해 횡단보도 아닌 곳에는 보도와 차도 사이에 울타리를 쳤어요. 이에 화가 난 뉴욕 시민들이 "보행자는 소 떼가 아니다Pedestrians are Not Cattle!"라고 쓴 현수막을 들고 시위를 했습니다. 뉴욕 보행자들과 뉴욕 시장 간 한바탕 싸움이 벌어졌을 때 찰스 코마노프Charles Komanoff라는 교통 전문가가 횡단보도 폐쇄와 사람들 이동 시간 영향을 분석했습니다. 그랬더니 보행자 시간 손실이 막대하다는 결과가 나와요. 이를 논문으로 발표하니까 줄리아니 시장이 항복을 선언했죠. 자가용 위주 정책이 보행자의 권리를 침해한 사례입니다.

같은 해 프랑스 파리에 출장 가서는 정반대되는 장면을 목격했어요. 일요일에 시내에 나갔는데 갑자기 차들을 멈춰 세우더니 그 앞으로 인라인스케이트를 탄 사람들 행렬이 끝없이 지나갑니다. 나중에 알고 보니 당시 주말마다 1만여 명 정도가 그런 식으로 시내를 가로질러 갔더라고요. 경찰과 구급차의 호위를 받으면서요. 당연히 운전자들은 차가 막혀서 힘들었을 겁니다. 그만큼 시민의 보행권을 우선시했다는 뜻이겠지요.

자전거 도시 쿠리치바의 멋진 상상력

브라질 남동부에는 쿠리치바^{Curitiba}라는 유명한 도시가 있습니다. 하이메 레르네르^{Jaime Lerner}는 시장을 세 번이나 역임하면서 이곳을 세계적인 생태 도시로 만들었어요. 그의 철학을 담은 강연 '도시의 노래^{A song of the city}'를 잠시 소개할까 합니다. 유튜브에도 올라와 있는데요 15분가량 되는 강연에서 그는 말해요. "도시는 문제 덩어리지만 그 문제 안에 답도 있다." 그러면서 어떤 문제든 3년이면 해결할 시간이 충분하다고 합니다. 방법은 '공동 책임'과 디자인입니다. 시민들이 함께 창의적인 디자인을 시도하면 큰돈 없이도 도시 문제를 풀 수 있다고 본 겁니다. 그러면서 첫 번째로 언급하는 게 자가용이에요. 자가용 운전자를 '미스터 오토^{Mr. Auto}'라고 지칭하면서 사람은 몇 명 안 태우면서 요구는 많다고 표현해요. 반면에 '미스터 아코디언^{Mr. Accordion}'도 있습니다. 여기서 '아코디언'은 굴절 버스를 말해요. 사람들을 많이 실어 나르는 대중교통을 뜻하죠.

쿠리치바에는 간선 급행 버스^{Bus Rapid Transit, BRT}가 있습니다. 전용 차선으로 달리는 급행 버스예요. 우리나라도 서울과 세종시에서 도입했죠. 1974년에 쿠리치바가 세계 최초로 만든 겁니다. 당시 하루 이용자가 2만 5000명이었다가 25년 뒤에는 220만 명이 이용합니다. 지금은 전 세계 100개 나라에서 BRT를 운영하고 있어요. 쿠리치바 BRT는 버스 두세 대를 연결한 굴절 버스입니다. 승객을 많이 태울 수 있고 전용 차선으로 운행하니 막힐 일이 없습니다. 원통형으로 만들어진 정류장에 들어올 때 요금을 미리 지불합니다. 원통 정류장은 시민들의 쉼터가 됩니다. 비가 오나 눈이 오나 바람이 부나 쾌적한 공간에서 버스를 탈 수 있어요. 이건 만들 때 돈도 많이 안 들었어요. 저비용 고효율의 대중교통 수단입니다.

한편 레르네르는 버려진 채석장에 오페라 극장을 짓습니다. 도시 공간은 가급적 많은 사람이 다양한 목적으로 사용할 수 있어야 합니다. 우리나라도 2002년 월드컵 때 축구 경기장을 많이 지었죠. 지금은 그 공간이 어떻게 쓰이고 있나요? 서울 상암동 구장만 해도 다목적 쇼핑 공간이 되어 있습니다. 시민들이 그곳에서 산책을 하고 영화도 봅니다. 운동 시설과 결혼식장도 있어요. 축구장으로만 쓰였다면 평소는 텅 비어 있었을 공간입니다. 레르네르도 바로 이런 부분을 강조해요. 도시의 시설과 장소는 변신할 수 있으며, 다목적으로 다채롭게 사용할수록 바람직하다고 말합니다.

채석장에 오페라 극장을 지은 이유도 그와 같습니다. 비용도 많이 들이지 않았어요. 그는 이를 두고 '도시 침술urban acupuncture'로 명명합니다. 문제를 해결할 때 수술만이 능사가 아니라는 겁니다. 수술하듯이 개발하다 보면 돈도 많이 들고, 후유증도 있어요. 침술은 상대적으로 작은 변화를 통해 큰 변화를 끌어내는 방식입니다. 거창하게 시작하지 않아도 된다는 뜻이에요. 오늘날 대한민국이 새겨들어야 할 부분이 아닐 수 없습니다. 우리는 지금 토건 세력에 휩쓸려서 오로지 개발만을 외치잖아요. 적은 돈으로도 충분히 풀 수 있는 문제도 어마어마한 예산을 동원한 토건 사업으로 접근합니다.

우리나라 대중교통은 돈 먹는 하마입니다. 수도권 광역 급행 철도GTX는 1킬로미터당 건설비가 2000억 원이에요. 10킬로미터면 2조 원입니다. 일반 지하철은 1킬로미터에 1500억 원의 예산이 들어가요. 그래서 주요 지하철은 대부분 적자입니다. 그런데 꼭 이렇게 돈을 많이 써서 철도를 깔아야 할까요? 다른 교통수단이 얼마든지 있습니다. 지상으로 운행하는 경전철, 노면 전철은 3~4분의 1 비용으로 만들 수 있어요. BRT는 30억 원 정도면 충분합니다. 도로는 이미 다 건설된 상태니까요. 브라질의 쿠리치바가 1970년대 초에 BRT를 도입한 이유가 여기에 있습니다. 큰돈 안 들이고 교통 문제를 해결하고자 했던 거예요. 그런데도 우리는 계속해서 고비용 수단을 고집하고 있어요. 방향의 전환이 필요합니다.

이번에는 콜롬비아 보고타 사례를 보겠습니다. 엔리케 페날로사Enrique Penalosa 전 보고타 시장은 1년에 한 번 차 없는 날을 제정하고, '시클로비아Ciclovía' 정책을 시작했습니다. 시클로비아는 '자전거 도로'라는 뜻의 스페인어입니다. 일요일과 공휴일이면 오전 7시부터 오후 2시까지 보고타 시내 주요 도로 차량 통행을 막습니다. 그러면 평일에는 도로로 쓰이던 공간에서 시민들이 자전거도 타고, 바자회도 하고, 거리 공연도 합니다. 이런 기획이 전 세계로 확산됐죠.

미국도 이런 흐름에 동참합니다. 재닛 사딕-칸Janette Sadik-Khan은 2007년부터 뉴욕시 교통국장으로 재임하면서 도시를 크게 바꿨어요. 우선 맨해튼 타임스퀘어의 일부 차량 통행로를 막고 여기에 광장을 만듭니다. 그동안 혼잡하기로 유명했던 곳에 광장이 들어서면서 많은 저항이 있었어요. 하지만 지금은 많은 사람이 찾는 관광 명소가 되었죠. 당연히 교통사고도 줄어듭니다. 한편 자전거 도시를 만들고자 시티바이크 등 공공 자전거를 계속해서 늘렸어요. 2008년부터는 여름철에 주요 도로를 막고 자전거와 보행자에게 개방하는 서머 스트리트Summer Streets 행사를 했어요. 요즘도 7~8월이면 매주 토요일마다 차량 통행을 제한한 넓은 도로에서 각종 공연과 프로그램이 열려 시민들을 즐겁게 하고 있죠.

프랑스 파리의 파격적인 실험

2002년 당시 프랑스 파리 시장이던 베르트랑 들라노에Bertrand Delanoe는 센 강변의 자동차 고속도로인 조르주 퐁피두Georges Pompidou 고속도로를 7월 15일부터 8월 15일까지 한 달간 폐쇄하는 파격적인 조치를 취합니다. 그러고는 자동차 도로를 인공 해변으로 만들었어요. 이를 '파리 해변Paris Plages'이라고 합니다. 여기를 한 달 동안 200만 명이 이용해요. 시민들 반응이 좋아지자, 이후에도 매년 여름 행사를 지속했고 2010년에는 도로를 아예 영구 폐쇄했어요. 파리는 지금도 파격적인 도시 정책을 계속해 나가고 있습니다.

현재 파리 시장은 안 이달고Anne Hidalgo라는 사람입니다. 이분은 2014년 시장이 되었다가 재선에 성공하면서 지금 10년 이상 재임 중이에요. 재선에 도전할 당시는 2020년으로, 코로나19가 한창일 때였습니다. 당시 이달고는 생태, 연대, 건강이라는 가치를 핵심으로 하는 공약을 내걸었어요. 그중 하나가 초대형 건설 프로젝트의 폐기였습니다. 파리에는 불로

뉴와 뱅센이라는 거대한 도시 숲이 있는데요. 이 숲이 파리 시내 면적의 21% 정도 돼요. 베르시-샤랑통Bercy-Charenton이라 불리는 이 지역에 여섯 개의 초고층 건물을 올리는 사업이 진행 중이었는데 이걸 전면 백지화하겠다고 나선 거예요. 대신 제3의 파리 숲을 조성하겠다고 합니다. 선거 때마다 대형 개발 사업이 단골 메뉴로 등장하는 우리로서는 상상하기 힘든 일이죠.

이뿐만이 아닙니다. 파리 시내 대부분 지역의 차량 속도를 시속 30킬로미터 이내로 제한하겠다고 합니다. 파리는 대부분 도로에 노상 주차장이 있습니다. 이 중 72%를 전부 폐쇄하고 자전거 도로, 보행로, 녹지로 바꾸겠다고 선언합니다. 파리를 상징하는 샹젤리제 거리는 2개 차선씩만 남기고 나머지는 정원으로 꾸밀 계획도 밝히지요.

더욱 놀라운 건 자전거 도로 확장 계획인 '벨로폴리탄 Vélopolitain' 프로젝트입니다. 지하철이 다니는 모든 노선 지상부에 자전거 도로를 만들겠다는 것입니다. 파리에는 곳곳에 벨리브Velib라는 공공 자전거가 있어요. 자전거를 대중교통의 주축으로 삼겠다는 뜻입니다. 프로젝트에 따르면 자전거 도로 총길이는 170킬로미터로 총건설비는 우리 돈으로 3400억 원이 투입됩니다. 많아 보이지만 상대적으로 매우 저렴한 비용이에요. 그 돈으로 지하철을 건설하면 고작 2킬로미터밖에 못 갑니다.

역사적으로 대중교통은 계속해서 진화해 왔습니다. 그동안 대도시에서 그 역할을 수행한 게 지하철이었어요. 그러다 소도시나 유럽 도시 중심으로 트램이 설치됐습니다. 설치 비용이 훨씬 저렴했어요. 그러다가 브라질 쿠리치바에서 BRT를 개발했죠. 파리는 이보다 훨씬 비용이 적고 친환경적인 자전거를 택한 거예요. 자전거나 도보로 15분이면 도시 내 모든 기본 시설과 서비스를 이용할 수 있게 하는 '15분 도시'를 만들겠다고 해요. 장거리 이동이 필요 없는 도시로 바꾸겠다는 것입니다.

스페인 북부에는 보행자 중심 도시로 유명한 폰테베드라Pontevedra가 있습니다. 인구 6만여 명의 소도시인 이곳 시장이 미구엘 로레스Miguel Lores예요. 1999년 그가 처음 시장 선거에 출마했을 때만 해도 폰테베드라는 교통 체증으로 인한 소음과 매연으로 엉망인 상태였습니다. 미구엘의 공약이 도심 30제곱킬로미터 안으로는 차가 못 들어오게 하겠다는 것이었어요. 당선되고 나서는 실제로 도시를 그렇게 바꿔요. 지금 폰테베드라 시민들은 통행금지 구역 밖에 차를 주차하고는 자전거나 도보로 도심에 진입해요. 출퇴근할 때도 그렇게 합니다.

독일은 2022년 여름에 한시적으로 '9유로 티켓'을 팔았어요. 우리 돈으로 한 1만 5000원쯤 하는 이 티켓을 사면, 독일 어디에서나 고속 철도를 제외한 모든 대중교통을 한 달 동안 몇 번이고 무한정 이용할 수 있습니다. 굉장히 파격적인 조건이죠. 독일 국민의 60%가 이 표를 구매했고, 그러자 대중교통 이용률이 확 늘었습니다.

도시 공간을 시민의 품으로

2007년 전라남도 신안군이 전국 최초로 버스 완전 공영제를 도입했죠. 지금 신안군 버스는 군에서 직접 운영해요. 기사님들 모두 공무원입니다. 그럼으로써 요금을 동결하고 청소년과 65세 이상 노인 등 군민 80%가 무료 혜택을 보고 있습니다. 외지 사람들은 일일 정기권을 사용하면 하루 5000원으로 몇 번이고 탈 수 있습니다. 신안군 내에는 압해도, 암태도, 자은도 같은 섬들이 모두 다리로 연결되어 있으니, 자가용 없이도 여행이 가능하죠. 한편 경상북도 청송군은 2022년부터 무료 버스를 운행하기 시작했습니다. 이런 시도들은 반응이 무척 좋아서 다른 지역으로도 계속 확장되고 있는 상황이에요. 대중교통 정책은 복지 측면도 있어요. 고령의 어르신들은 운전이 어렵잖아요. 사고도 자주 나고요. 그래서 일본은 1998년부터 운전면허 자진 반납제를 시행하여 대중교통 요금을 깎아 주거나 무료화하고 있습니다.

대중교통은 사용자 편의성을 잘 살펴야 합니다. 서울 공항철도가 처음 개통될 때는 서울역에서 환승이 매우 불편했어요. 한참 돌아가야 했죠. 지금은 무빙워크가 깔린 환승로가 있어서 편리하게 이동할 수 있습니다. 서울 지하철역의 행선지 안내판을 볼까요. 예전에는 이번 열차가 어디로 가는지 정도만 알 수 있었습니다. 지금은 몇 정거장 전에 와 있는지 직관적으로 확인할 수 있습니다. 버스 정류장에 설치된 알림판에는 버스가 몇 분 후에 도착하는지까지 나와요. 예전에는 찾아볼 수 없는 친절함입니다.

개선할 부분도 많이 있어요. 서울 도시철도 5호선 지하철 차량의 안내 화면 글자가 너무 가늘고 작아서 시력이 안 좋은 사람은 알아보기가 힘듭니다. 좀 더 굵고 선명할 필요가 있어요. 일본 지하철의 노선 안내와 비교해 보면 차이가 분명합니다. 글자를 알아보기 편할 뿐 아니라 역마다 계단과 엘리베이터, 에스컬레이터 위치가 안내되어 있어요. 세심한 배려가 느껴지지 않나요? 일본의 대중교통 유인 정책 중 하나로 오사

카시의 주유 패스 '오사카 어메이징 패스Osaka Amazing Pass'를 들 수 있습니다. 이걸 사면 하루 동안 지하철, 버스 등 대중교통을 자유롭게 이용할 수 있고 주요 관광지 입장료도 할인해 줍니다.

대중교통 체계 개편은 지방 경제 활성화와도 관련이 있습니다. 요즘 지방 소멸을 막기 위한 대응책으로 행정 통합이나 '메가시티'가 유행인데, 저는 그보다는 도시 간 연합이 중요하다고 생각합니다. 통합에는 이해관계에 따라 갈등이 생길 수 있고 시간과 비용도 많이 들어갑니다. 그 대신 도시 간 '연결'에 중심을 두면 어떨까요? 이웃한 작은 도시들의 대중교통을 원활하게 연결해 생활권과 경제권을 키워 서로 상생하는 겁니다. 저는 이게 지방을 살리는 길이라고 생각해요. 개인적으로 전주에서 한 달간 지내면서 놀랐던 게 평일 오후에 군산으로 강의하러 가야 하는데 그 시간대에는 전주-군산 노선이 없어요. 당연히 버스나 고속버스가 있을 거로 생각했다가 충격을 받았습니다.

이용자가 없는 노선은 지금도 계속 사라지고 있어요. 그래서 학생들과 함께 전북 BRT를 연구했습니다. 전라북도 14개 시군을 대중교통망으로 연결하는 거예요. 지금 전주에 직장을 얻은 사람들은 어떻게든 그곳에 집을 구하려고 해요. 앞서도 말씀드렸듯이 외지에서는 접근성이 떨어지기 때문입니다. 그런데 만약 대중교통망이 구축된다면 그럴 필요가 없겠죠. 임실만 해도 전주까지 20분이면 갑니다. 환경도 좋고 집값도 싼데 굳이 전주에 집을 살 필요가 없어요. 이 계획이 실현되면 저는 전라북도 지역이 서로 소통하면서 상생할 수 있을 거라고 생각합니다.

자동차 위주의 도시에서 사람 중심으로의 전환이 필요한 시점입니다. 이와 관련해서 해외 사례 등을 살펴보면서 우리가 배울 점 등을 알아보았는데요. 끝으로 저는 두 가지를 제안하고 싶습니다. 하나는 '차 없는 거리'를 좀 더 확대하자는 것입니다. 주말만이라도 시민들이 차 없는 거리에서 자유롭게 산책하고 문화 체험을 할 수 있었으면 합니다. 차에 빼앗겼던 공간에서 아이들이 뛰놀고, 책을 보거나 공연을 감상하는 도시야말로 우리가 살고 싶은 도시가 아닐까요? 다른 하나는 공직자나 고위 관료가 솔선수범하는 모습입니다. 일주일에 하루라도 시장이 앞장서서 지하철이나 버스로 출퇴근하면 자연스럽게 홍보가 되지 않을까요? 많은 시민이 행복한 도시는 개발로 만들어지지 않습니다. 우리 삶의 질을 높이려는 의지와 창의적인 아이디어로 충분해요.

독일의 골목에서 만나는 말들

2

정범구

정범구

경희대학교 정치외교학과를 졸업하고 독일 마르부르크대학교에서 정치학 석사, 박사 학위를 받았다. 현재 장발장은행 은행장이며, CBS『시사자키, 오늘과 내일』, KBS-2TV『정범구의 세상 읽기』를 진행했다. 제16대, 제18대 국회의원과 독일 대사를 역임했다. 저서로는『정범구의 세상 읽기』,『내 방의 불을 꺼야 세상의 어둠이 보인다』,『가까워지며 변화하기』,『이 땅에서 정치인으로 산다는 것』등이 있다.

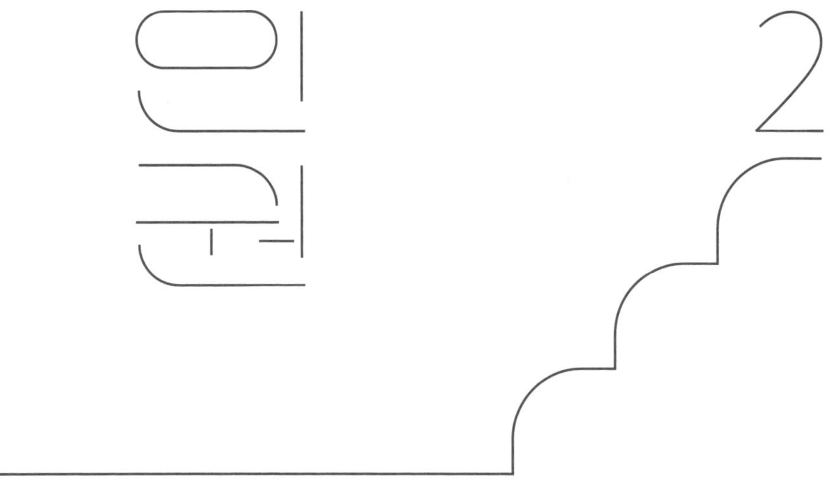

안녕하십니까, 저는 돈이 없어 교도소에 갇히는 고통을 조금이라도 줄이고자 어려운 분들께 벌금을 대출해 주는 장발장은행 은행장을 맡고 있습니다. 문재인 정부 때 독일 대사를 지낸 적이 있는데, 그때의 경험도 있고 해서 오늘 '독일의 골목' 이야기를 하고자 합니다.

여러분은 독일 하면 무엇이 가장 먼저 머릿속에 떠오르십니까? 히틀러 같은 독재자도 있고 벤츠, 비엠더블유 같은 자동차도 있겠죠. 우리처럼 분단되었다가 통일된 나라이기도 합니다. 정치적으로 앞선 나라이자 경제 대국이라는 이미

지도 있죠. 그런데 저는 오늘 독일의 '인권'에 주목하고 싶습니다.

기본적으로 독일은 우리에게 선진국으로 인식됩니다. 그만큼 인권도 보장된 나라로 알려져 있고요. 실제로 우리 헌법에 해당하는 독일 기본법의 제1조 1항은 다음과 같습니다. "인간의 존엄은 침해할 수 없는 것이다. 모든 국가 권력은 이를 존중하고 보호할 의무를 진다Die Würde des Menschen ist unantastbar. Sie zu achten und zu schützen ist Verpflichtung aller staatlichen Gewalt." 헌법 첫머리를 이와 같은 인권 관련 조항으로 시작하고 있죠.

인권은 끊임없이 변하는 가치

우리나라 헌법 제1조 1항은 잘 알려졌다시피 "대한민국은 민주 공화국이다"입니다. 이어서 2항 "대한민국의 주권은 국민에게 있고, 모든 권력은 국민으로부터 나온다"가 나오죠. 그런데 이것은 독일 바이마르 공화국 때 헌법 내용과 같습니다. 당시 바이마르 공화국 헌법의 제1조 1항이 "독일 제국은 공화국이다." 2항이 "모든 권력은 인민으로부터 나온다"였어요. 이걸 우리 제헌 헌법에서 받아들인 거예요.

독일은 훗날 이 바이마르 헌법을 폐기하고 인권으로 시작하는 헌법을 새로 만듭니다. 이것만 보아도 독일이 얼마나 인권을 중요시하고 있는가를 잘 알 수 있어요. 물론 현실에서는 이에 어긋나는 일들이 벌어지고 있기는 합니다. 인종주의, 소수에 대한 배제와 차별 같은 것들이 독일 사회에도 없지는 않아요. 현실과 이상은 차이가 있는 법이니까요. 그래도 인권을 주요 가치로 삼는 나라로서 이를 막으려 노력하죠.

인권은 우리가 지켜야 할 가치 규범입니다. 그렇다고 해서 어떤 절대치가 정해져 있지는 않아요. 민주주의와 똑같습니다. 추구해야 할 가치로서 민주주의 역시 다양한 단계와 수준이 존재하잖아요. 한 사회가 정치적·절차적 민주주의를 달성했다고 해도, 사회 경제적 민주주의가 정착되지 않으면 삶의 질은 나아지지 않습니다. 외려 경제적 양극화 등이 민주주의를 훼손할 수 있어요.

민주주의 수준이 높아지면 자연과 인간, 인간과 동물 사이의 문제가 관심의 초점이 됩니다. 마찬가지로 인권도 그 끝이 정해진 게 아니라 끊임없이 변화하는 개념입니다. 계속해서 새로운 과제들과 만나게 되죠. 그래서 우리가 인권을 고정불변의 가치가 아닌, 현실에서 끊임없이 변화하는 유동적인 개념으로 보아야 한다고 생각해요. 이런 전제하에서 제가 독일에서 겪었던 에피소드들을 중심으로 이야기를 해 나가도록 하겠습니다.

"한국에도 눈이 오나요?"

저는 1979년에 독일로 유학을 가면서 처음으로 독일 사회를 경험하게 되었습니다. 당시 한국은 그들에게 무척 낯선 나라였어요. 단지 전쟁을 치른 나라, 분단된 나라 정도로 인식되었지요. 우리도 미국이나 유럽 말고는 잘 모르잖아요. 유학 생활을 했지만, 학생 외 일반 시민들과는 만날 기회가 많지 않았어요. 주로 캠퍼스 중심으로 생활했으니까요. 그나마 통학로나 산책로 등에서 자주 만난 게 독일 할머니들이었습니다.

이 강의를 준비하는데 문득 그때 기억이 떠오르더군요. 그러면서 의문이 생겼습니다. '왜 하필 할머니들이 많았을까?' 그러고 보니 할아버지들과 만난 적이 많지 않더군요. 생각해 보니 역사적 배경과 관련이 있지 않나 싶어요. 당시 60세 이상 연로하신 분들은 1920년이나 그 이전에 태어난 세대들입니다. 청춘기를 전쟁으로 보냈어요. 그때 남자들은 군대로 끌려가 많이 죽은 거예요. 그러니 살아남은 분 중에 여성 비율이 높았던 겁니다.

남편이 죽고 혼자 남아 지내는 할머니가 꽤 많았어요. 사회 복지가 잘되어 있으니 한가로이 시간을 보낼 수 있었을 겁니다. 그러다 보니 산책로나 장 보러 가는 길에서 저와 마주칠 일이 많았던 거예요. 어쨌든 그렇게 우연히 마주치면 동양인인 제게 호기심을 보였어요. 어디에서 왔느냐고 묻습니다. 한국에서 왔다고 했더니 어딘지 모르는 눈치예요. 조금 생각을 하더니 "거기도 눈이 와?" 합니다. 처음에는 무슨 의미인지 잘 몰랐어요. '그게 왜 중요하지?' 싶었지요. 그러다 그들 의식 속에 유색 인종에 대한 고정된 이미지가 있다는 걸 알게 되었습니다.

당시 평범한 독일 서민들이 생각하는 제3세계의 전형적인 모습이 있었습니다. 이를테면 더운 나라이고, 사람들은 나무 열매를 따 먹거나 정글에서 사냥하며 살아가는 곳이었죠. 한마디로 덜 문명화된 주변부 국가였습니다. 그들 입장에서 세계의 중심은 당연히 유럽이었고, 문명의 기준은 기독교였습니다. 비슷한 문화를 공유하는 이웃 나라와 달리 멀리 떨어져 전혀 다른 문화권인 나라에 대해서는 왜곡된 인식이 있었어요. 관심이 없기도 했고요. 그러니 "눈이 오나요?"와 같은 질문을 한국에서 온 유학생에게 하는 겁니다. 아프리카처럼 더운 나라가 아닌 게 신기했겠죠. 비단 독일인들만 그런 것은 아니었습니다.

유학 시절에 히치하이킹으로 독일에서 덴마크까지 간 적이 있어요. 중간에 트럭도 얻어 타고 이런저런 사람들도 만났습니다. 그때 만난 40대 트럭 운전사도 같은 질문을 하더군요. "한국도 눈이 오나요?" 정말 신기했어요. 유색인에 관한 유럽인들의 인식을 알게 된 경험이었죠. 그나마 한국을 아는 사람들은 이렇게 묻습니다. "북한이니 남한이니?" 우리나라가 분단국가라는 걸 아는 거예요. 아마도 학교에서 배웠거나 뉴스에서 들었겠죠. 그런데 제가 보기에는 이것도 쓸데없는 질문이기는 해요. 왜냐면 당시 독일도 분단 상태였고 서독에 유학 중인 대학생이 북한 출신일 리 없잖아요. 동독이라면 또 모를까. 한국이 자기들처럼 분단되어 있다는 건 알지만, 구체적인 내막은 잘 모르는 거예요. 그러니 그런 질문이 이어지는 거죠.

저는 여기에 나쁜 의도가 있었다고는 생각하지 않아요. 정말 궁금했을 겁니다. 다만, 매번 같은 질문에 대답하는 사람이었던 저로서는 이방인, 소수자임을 자각할 수밖에 없었죠. 순수한 호기심에서 비롯하는 악의 없는 질문이었지만, 그런 어이없는 질문 속에서 살아가다 보면 자연스레 '나는 이들과 다르구나' 하면서 주눅 들게 됩니다. 우연히 만난 외국인 유학생에게 말을 건네려던 독일인으로서는 상상할 수 없는 일이에요. 외려 자기 나라에 들어와 공부하는 유학생들을 차별 없이 잘 지원해 주는 마당에 뭐가 문제냐 싶겠죠. 실제로 제 경우 유학 생활 11년 중 7년간 장학금을 받아가며 공부했어요. 하지만 당사자로서 겪는 경험은 별개입니다. 그들의 도움에 감사하기는 하지만 '받아먹는' 자의 감각은 예민할 수밖에 없습니다.

특히 앞에서 말한 바대로, 유색 인종에 대한 고착된 인식 속에서 살아야 했던 저로서는 소수자로서 주류 사회의 눈치를 보지 않을 수 없었습니다. 그게 습관처럼 몸에 배어요. 그러다 한국에 들어왔더니 정말 마음이 편했습니다. 아마 저처럼 유학 생활을 한 사람들은 모두 공감할 거예요. 실제로 1980년대에 외국인 노동자 인권 관련 활동을 열심히 한 사람 중에 독일에서 함께 공부했던 사람도 꽤 있었어요. 독일에서 겪었던 소수자로서의 경험이 영향을 끼치지 않았나 싶습니다.

유럽 중심주의와 키슬링 사건

유럽 중심주의는 그 뿌리가 깊습니다. 심지어 우리 스스로도 이런 세계관을 거부감 없이 받아들이고 있어요. 예를 들어, 예전에는 우리나라를 일컬을 때 '극동the Far East'이라는 표현을 썼습니다. 동쪽 끝이라는 얘깁니다. '중근동Near and Middle East'이라는 표현도 있죠. 사우디아라비아, 이라크, 이란 등이 있는 중동Middle East과 튀르키예, 이집트, 그리스 등이 있는 근동Near East을 포괄하는 개념입니다. 그런데 왜 이들이 '동쪽'일까요? 우리나라 서쪽에 있는 지역이잖아요. 유럽 중심이기 때문입니다. 영국 런던 그리니치 천문대를 중심에 놓으니까 모두 '동쪽'이 된 거예요. 유럽은 그럴 수 있습니다. 그런데 우리가 그렇게 부르는 건 이상하지 않나요? 스스로를 주변부로 두는 인식이 아닐 수 없습니다.

비슷한 예로 저개발국, 개발 도상국 또는 선진국, 후진국이라는 표현이 있습니다. '선진국'은 미국이나 유럽처럼 잘사는 나라들을 일컫습니다. 그런데 왜 '부자 나라'가 아니라 선진국, 즉 앞서가는 나라일까요? 여기에는 우리도 그들을 따라잡아야 한다는, 그들처럼 되어야 한다는 인식이 자리하고 있습니다. 그러지 못하면 후진국 혹은 개발 도상국입니다. 개발을 잣대로 우열을 가르는 차별적 사고예요. 이러한 인식이 인권과 무슨 관계냐고 물으실 수 있습니다. 그런데 차별은 구분에서 시작합니다. 우리가 일상적으로 쓰는 서구 중심주의 언어 속에는 이러한 구분 짓기가 작동하고요.

자기들과 다른 사람들을 구분 짓는 행위는 일상에서 사소한 일로 치부될 수도 있습니다. 그러나 역사를 보면, 이러한 태도를 정치적으로 이용한 사례가 꽤 있습니다. 독일을 전범 국가로 만들었던 나치 정권이 대표적이에요. 히틀러는 위대한 아리안 민족이라는 신화를 만들고 그 안에 속하지 않는 수많은 사람을 제거 대상으로 규정합니다. 그 결과 수백만 명의 유대인 외에도 집시, 동성애자, 장애인 들이 강제 수용소에서 희생당합니다. 이로 인해 세계는 물론 독일인 자신들도 씻을 수 없는 상처를 입었죠.

과거 독일에서 동성애 혐오에서 비롯한 유명한 사건이 있었습니다. 일명 키슬링 사건이라고 하는데, 귄터 키슬링 Günter Kießling이라는 독일 장성이 간첩 혐의로 강제 전역을 당했어요. 1984년에 있었던 일입니다. 당시 키슬링은 나토NATO 부사령관을 겸임할 정도로 유력한 인물이었어요. 이 사람이 당시 쾰른에 살았는데, 동성애자들이 이용하는 술집을 자주 이용했다는 첩보가 들어옵니다. 군 당국은 그 술집에 동독 스파이가 드나들었으며, 이 때문에 키슬링이 주요 군사 정보를 동독 쪽에 유출했다는 혐의로 그를 해직시킵니다.

이 사건은 독일 사회에 동성애자 차별 논란을 일으켜요. 당시 서독에서는 동성애가 불법이 아니었습니다. 그렇다고 사회적으로 용인되는 때도 아니었죠. 애매한 상황에서 보수적인 군대의 속성상 동성애자를 지휘관으로 두는 걸 반대했던 겁니다. 그런데 증거가 없었어요. 조사 결과 그가 동성애자였다거나 동독 스파이에 정보를 넘겼다는 이야기에 아무런 근거가 없다는 게 드러났습니다. 키슬링 본인도 억울하다며 강력하게 부인했습니다. 그럼에도 해직된 거예요.

언론에 이 사실이 알려지면서 동성애 차별 문제가 불거집니다. 다행히 1984년 혐의 없음으로 복직하지만, 전역이 확정된 상황이라 그대로 예편하죠. 이후로 독일군은 주요 행사에 이 사람을 부르지 않았어요. 독일 헌법인 기본법 3조가 "모든 국민이 법 앞에 평등하며 인종이나 종교나 성별 등에 의해 차별받지 않는다"고 명시하고 있습니다만, 지켜지지 않은 겁니다. 제도와 현실 인권 사이에 괴리가 있었던 거죠.

지금은 유럽의 많은 나라에서 동성혼 합법화가 이루어졌습니다. 2001년에 네덜란드가 세계 최초로 동성혼을 합법화한 이후로 벨기에, 스페인, 노르웨이, 스웨덴, 포르투갈, 덴마크, 프랑스 등이 줄줄이 합법화합니다. 독일은 2017년도에 합법화되었어요. 흥미롭게도 네덜란드는 대마초 비범죄화(1976), 낙태 합법화(1984)도 일찌감치 실시했어요. 유럽 국

가 중에서도 일찍이 중상주의重商主義를 택하고 대외 개방을
활발히 했던 역사적 배경이 작용한 게 아닌가 싶습니다.

유학 시절 체험한 독일 자동차 공장의 위계

독일 유학 시절 이야기를 계속해 보겠습니다. 당시 생활비
를 벌어야 했기에 이런저런 아르바이트를 많이 했는데요. 벤
츠 자동차 공장에서도 여러 번 일한 적이 있습니다. 처음 갔
을 때는 규모가 어마어마해서 놀랐어요. 분위기도 낯설었죠.
사람들이 많은 만큼 규율도 엄격해서 완전히 군대 조직입니
다. 똑같이 일하고 돈 받는 임금 노동자인데 위계가 있어요.
상층부는 마이스터Meister로 불리는 기술자가 차지해요. 전부
다 독일인입니다. 그 아래 마이스터를 보조하는 사람들이 있
는데 이를 '카포Capo'라고 불렀어요. 이탈리아 말로 '대장'을
뜻합니다. 이들은 대부분 이탈리아인이었고요. 그 아래로 일
반 노동자들이 있는데 상당수가 튀르키예 등 외국에서 온 노
동자들이었어요.

왜 이렇게 외국인이 많았을까요? 1980년대 독일 상황을
보면 이해가 갑니다. 당시 독일은 1960년대 이래 계속된 고
도 경제 성장으로 노동력이 부족했어요. 그래서 외부에서 인

력을 많이 끌어왔습니다. 그전에 우리나라 사람들도 광부와 간호사로 많이 갔었죠. 당시 공장의 한국 인력은 소수였어요. 주로 유럽인들이 많았습니다. 이탈리아, 스페인은 물론 유고슬라비아연방에서도 들어왔어요. 유고슬라비아연방은 훗날 해체되어 오늘날 세르비아, 크로아티아, 슬로베니아 등 일곱 개 나라가 되었죠.

어쨌든 그 상황에서 공장 일을 하는데, 독일인들은 힘든 일을 안 해요. 작업장 내에서도 여러 일이 있고 노동 강도를 완전히 평준화시킬 수는 없잖아요. 쉽고 편한 일이 있고 힘든 일이 있습니다. 그걸 출신에 따라 나눈 겁니다. 이탈리아 노동자들은 독일인 기술자를 보조하는 위치에 있고요. 그다음 순위는 스페인이나 유고슬라비아 노동자들이었습니다. 이들은 같은 유럽 사람이고 기독교 문화권이었죠. 제일 험한 일을 하는 노동자들은 튀르키예인들이었습니다. 이들은 인종적으로나 문화적으로 꽤 이질적이었어요.

튀르키예는 유럽인들에게 어떤 존재일까요? 지리적으로는 멀지 않습니다. 지중해, 동유럽과 닿아 있죠. 유럽 전역에 이주해서 살고 있고요. 독일 인구 8300만 명 중 300만 명이 튀르키예계입니다. 그래서 유럽연합 가입을 시도하지만, 20년이 지난 지금까지 안 받아들여져요. 여러 이유가 있겠지만 가장 큰 게 종교입니다. 유럽은 이슬람 문화권에 대한 두려움이 있어요. 역사적으로 그렇다 보니 상대적으로 진보적이라는 독일 사회도 이 부분에 대한 차별 의식이 있어요.

당시 독일 공장에서 일할 때도 얼마든지 느낄 수 있었습니다. 작업 현장 휴게소 같은 데 보면 독일 금속 산업 노동조합 IG Metall 소식지가 놓여 있었어요. 독일에서도 가장 강력하고 규모가 큰 노동조합입니다. 자동차 공장들은 금속 노조의 핵심 사업장이기도 하고요. 전통적으로 사민당을 지지하는 진보 세력이 중심축입니다. 그런 사업장에서도 인종적 위계가 작동하는 걸 제 눈으로 확인했어요. 일종의 관습처럼 이어지고 있었던 거죠.

동독 차별과 극우 세력의 준동

다음으로 제가 느꼈던 건 같은 독일 내의 차별 문제였습니다. 1990년 동·서독이 합쳐집니다. 벌써 35년 전이니 그 후로 한 세대가 지난 셈입니다. 독일 통일은 여전히 우리한테 역사적 숙제를 환기시켜 줍니다. 통일은 우리에게 아직 오지 않은 미래이기에, 그들 사회를 보며 우리가 교훈 삼아야 할 점이 많습니다. 그중 하나가 아직도 해소되고 있지 않은 지역 차별이에요.

오씨Ossi와 베씨Wessi는 통일 이후 새롭게 만들어진 단어입니다. 동·서독 사람들이 서로를 부르는 멸칭으로 '오씨'는 동쪽Ost, '베씨'는 서쪽West에서 온 말이에요. '오씨'라는 말에는 멍청하고, 게으르고, 눈치 없는 동독 것들이라는 뜻이 담겨 있습니다. '베씨'에는 아무것도 모르면서 거만하고 잘난 척하는 서독 것이라는 뜻이 담겨 있지요. 통일은 됐지만 이렇게 내부적인 차별과 갈등이 동·서독 사회를 30년 이상 지배해 온 겁니다.

통일 과정을 보면 이해가 가요. 겉은 통합이지만 사실상 동독이 무너지고 서독에 흡수, 통합된 형국이에요. 경제적으로 앞섰던 서독 사람들이야 동독을 도와준다고 인식했을 테지만, 동독 사람들 눈에는 서독이 점령군처럼 보입니다. 동독 사회주의 체제가 완전히 무너졌잖아요.

예전에는 TV만 켜면 등장하던 서기장이나 당 간부들 자리를 서독 정치인들이 차지합니다. 군대도 해체되고 통일 독일의 군대를 서독 장교들이 지휘합니다. 학계는 더욱 심각했죠. 대학 인문·사회 과학 분야는 물론이고 이공계 교수들도 하루아침에 실업자 신세가 됩니다. 그동안 도서관 책장을 채우던 마르크스-레닌주의 책은 쓸모없는 휴지 조각으로 변해요. 이

외에도 동독에서 운영되던 기업도 전부 문을 닫거나 서독 사람들 소유로 넘어갑니다. 이처럼 한 체제가 무너지면서 관련 직업들이 함께 사라지고 그 자리를 서독 사람들이 차지해요. 동독 사람들 눈에는 서독 사람들이 당연히 점령군으로 보일 수 있죠. 그렇다면 서독 사람들 입장은 어땠을까요?

오랫동안 자본주의 체제에 익숙해진 이들로서는 치열한 경쟁은커녕, 대충 시간이나 때우면서 임금이나 받으려고 하는 동독인들을 이해하지 못합니다. 유유자적 사회 보장 혜택이나 누리려는 게을러빠진 사람들로 여겨요. 그런데다 자기네들이 세금 써 가며 통일 비용을 분담하고 있으니 뭔가 손해 보는 기분입니다. 동·서독 내부의 이런 갈등이 상당했어요. 일례로 2020년 독일 통일 30주년을 기념해서 공신력 있는 기관에서 여론 조사를 했어요. 그 내용이 충격적이었습니다. 구동독 지역 주민들의 60% 정도는 스스로를 '이등 국민'으로 여긴다고 답했어요. 말이 갈등이지 내용을 보면 서독에 의한 집단적 차별이 문제였습니다.

2024년 11월에 전 독일 총리 메르켈의 자서전이 나왔습니다. 『자유: 1954-2021년을 회상하다』라는 제목의 책에서 그는 과거 동독 시절에 느꼈던 점을 꽤 진솔하게 이야기해요. 메르켈이 동독 출신이거든요. 통일 당시 서독 법대 출신 법률

가들이 동독 공유 재산을 사유화시키는 작업에 많이 참여해요. 메르켈은 그들이 동독 사람들을 마치 하인 대하듯 했다고 서술합니다. 오늘날 옛 동독 지역에서 극우 세력이 발호하는 데에는 과거 동독인들에 대한 집단적 차별도 하나의 중요한 요인이 되었다고 생각합니다.

전 세계의 화두가 된 난민 문제

극우의 준동은 세계적인 현상입니다. 유럽은 난민 문제로 세력을 얻은 극우들이 각 나라에서 상당수 의회에 진입한 상태고요. 한편 2025년 1월 트럼프 정권의 재등장으로 미국도 파시즘 시대로 진입하는 것 아니냐는 우려가 나오고 있어요. 나라마다 양상은 다르지만 극우에는 한 가지 공통점이 있습니다. 그들은 어떤 사안이든 합리적으로 문제를 보고 대안을 찾으려고 하지 않아요. 현상을 이해하고 그에 맞는 해결책과 대안을 내놓기보다는 분풀이할 희생양을 찾는 데 주력합니다.

오늘날 트럼프가 취하는 전형적인 수법들이 그래요. 미국 경제는 지금 세계 어느 나라보다 경쟁력이 뛰어나요. 국민들 삶이 어려운 건 불평등 때문입니다. 부자들은 지금도 어마어마한 돈을 벌고 있어요. 그런데도 멕시코 불법 이민자들 때문에 먹고살기 힘들어졌다며 혐오를 부추깁니다. 중국이나 한국 같은 나라가 과도하게 물건을 팔아먹어서 미국이 손해를 본다고 말합니다. 책임을 전부 외부로 돌리면서 희생양을 만들어 내죠.

오늘날 우리가 세계와 인권을 이야기할 때 빼놓을 수 없는 게 바로 난민 문제입니다. 한국은 비교적 그 문제에서 떨어져 있죠. 그러나 전혀 없었던 건 아닙니다. 2018년에 예멘 난민 500여 명이 우리나라 제주도에 입국한 적이 있었죠. 이를 두고 상당한 논쟁이 있었습니다. 유럽은 지금 모든 나라가 이 문제로 골머리를 앓고 있습니다. 국내 정치의 주요 쟁점이 되었어요.

한때 적극적으로 난민을 받아들였던 독일도 이 때문에 극우가 엄청나게 성장하고 있어요. 독일 극우 정당은 독일대안당AfD, Alternative für Deutschland으로 불립니다. 이들은 난민 추방이 주요 공약이에요. 일부 조직원은 테러에도 가담합니다. 그런데 이들이 2025년 총선에서 20% 이상 지지받으면서 사민당을 제치고 2위에 올라요. 구동독 지역에서 가장 많은 지지를 받습니다. 왜 구동독 지역에서 극우가 발호하는 걸까요?

여기에는 여러 가지 분석이 있습니다. 서독에 비해 민주주의 경험이 적다는 지적도 있으나, 동독 사람들의 피해 의식이 작동하고 있다는 설명이 유력합니다. 가뜩이나 이등 국민으로 차별받는 상황에서 난민 문제가 기름을 부은 거죠. 1990년에 동·서독 통일 당시 20대이던 사람들이 지금은 50대 후반이죠. 동독에서 막 사회생활을 시작하던 젊은이들에게 통일은 재앙이었습니다. 그동안 학교에서 배운 지식이나 자격증 같은 것들이 휴지 조각이 되었어요. 이들은 새로운 체제하에서 직업 교육을 받고, 자격증을 따면서 서독 사람들과 경쟁해야 했습니다. 그러면서 나이 들어 간신히 집 장만하고, 여유 있는 생활을 해 볼까 했는데 갑자기 난민이 등장한 거예요.

독일은 특히 난민을 많이 받아들인 나라입니다. 2015년 메르켈 집권 당시에만 100만 명 가까이 한꺼번에 받아들이기로 결정해요. 그 과정에는 우여곡절이 있었습니다. 시리아 내전이 최고조에 달해 있어서 엄청난 사람들이 해외로 빠져나와 난민이 됩니다. 튀르키예를 거쳐 헝가리까지 올라왔어요. 오스트리아를 거쳐 독일로 들어가려고 했죠. 그런데 헝가리 정부가 국경을 폐쇄해 버립니다. 난민들로서는 막막한 상황이 된 거예요. 그러다 2015년 9월 2일 지중해를 건너던 난민선이 침몰하는 사고가 발생합니다. 튀르키예 해변에서 파도에 떠밀려 온 시신이 발견되죠. 알란 쿠르디라는 세 살 된 아이였어요. 튀르키예 병사가 이 아이를 안고 있는 사진이 전 세계로 송출됩니다. 이 사건으로 사람들은 커다란 충격에 빠집니다. 난민 문제의 심각성을 다시 한번 깨닫게 되면서 유럽 사회에 동정 여론이 퍼져요.

극우의 언어와 희생양 찾기

자서전에서는 밝히지 않고 있습니다만, 당시 메르켈도 이 사건으로 상당한 압박을 받았을 거예요. 결국 사건 보도 3일 후 독일 국경을 개방하도록 지시하죠. 독일 이민청 통계로 2015년 한 해에만 독일에서 약 85만 명이 난민으로 인정받았습니다. 대단한 인도주의적 쾌거라고 할 수 있습니다. 문제는 독일 사회 내부였어요. 그 많은 사람이 잠잘 곳과 먹을 음식을 마련해야 하잖아요. 주로 인구 밀도가 낮은 구동독 농촌 지역에 많이 배치되었습니다. 심지어는 주민 수가 500여 명인 마을 인근에 1000명 규모의 난민 수용소가 생깁니다. 처음에는 어려운 처지의 난민들을 환영했지만, 점점 생각이 바뀌어요. 통일 후 동독 사람들은 새로운 체제하에서 근근이 살아왔습니다. 그런 사람들 앞에 종교도 다르고 피부색도 다른 사람들이 나타나서 자기들 세금으로 먹고사는 걸 보니 마음이 불편합니다. 억울하고 손해 보는 기분입니다.

우리도 비슷한 경험이 있죠. 과거 김대중 정부 시절에 대북 지원 사업할 때, '세금 퍼 주기'라는 비난을 받았습니다. 당시 지원 비용이 국민 1인당 고작 짜장면 한 그릇 값이었다는 통계가 있습니다. 그럼에도 보수 세력은 이를 '대북 퍼 주기'로 몰아갔어요. 서민들도 먹고살기 힘든 마당에 왜 북한을 지원하느냐는 논리였죠. 서민들의 반감을 언론을 이용해 부추긴 겁니다. 구동독 지역의 정서도 마찬가지였습니다. 오랫동안 느낀 소외감과 차별 의식을 난민을 향해 쏟아내기 시작한 거예요. 독일 대안당 같은 극우 세력들이 이 지점을 파고들면서 영향력을 키웁니다. 우리 먹고살 것도 없는데 무분별하게 난민들을 끌어들였다고 비난합니다. 여기에 온갖 증오의 언어들이 동원돼요.

독일 난민 정책에서 또 하나 우리가 주의 깊게 살펴보아야 할 것이 바로 정치적 리더십입니다. 인권 문제를 해결해 가는 데 있어서 매우 중요한 요소예요. 만약 메르켈이라는 탁월한 정치인의 리더십이 아니었다면, 독일의 전향적인 난민 정책이 가능했을까요? 지금도 극우의 공격 대상이고, 심지어 자신이 소속된 기민당에서조차 반대 의사가 많았음에도 메르켈은 전격적으로 난민 수용을 발표합니다.

저는 개인적으로 메르켈이 아니었다면 독일의 난민 문제
는 더 풀기 어려워졌을 거로 생각해요. 그렇다면 메르켈은 어
떻게 그런 결단을 내릴 수 있었을까요? 그는 회고록에서 "독
일 국민이든 아니든, 출신 국가가 어디고 왜 우리에게 왔든,
망명 신청의 결과가 어떻게 되든 상관없이 우리는 모든 개인
의 존엄성을 존중합니다"라고 밝힙니다. 독일 헌법이 밝히고
있는 인간 존엄성을 실천하겠다는 메르켈의 정치 철학을 엿
볼 수 있는 대목이죠. 혹자는 이를 두고 기독교적 휴머니즘으
로 풀이하기도 해요.

당시 메르켈은 100만 난민을 받아들이면서 "우리는 할 수
있다Wir schaffen das"는 구호를 내겁니다. 그 맥락을 보면, 쉬운
결정은 아니었다는 뜻입니다. 독일이 과거에 전쟁도 일으키
는 등 어려움을 겪었지만, 이를 극복하고 인간 존엄을 실현할
수 있다는 의미가 담겨 있어요. 힘든 상황에서도 과감하게 국
민들을 올바른 길로 이끄는 것, 이런 리더십이야말로 정치인
들이 갖춰야 할 덕목이 아닐까요?

앞서 히틀러 시절 나치 정권이나 지금 극우파들의 행태에
는 '희생양 찾기'라는 공통점이 있다고 말씀드렸습니다. 그들
은 항상 증오의 대상을 찾아다녀요. 특히 사회 갈등이나 문제
가 심각해졌을 때, 이런 일이 자주 일어납니다. 복잡한 문제

일수록 푸는 데 시간과 노력이 필요합니다. 이해관계가 얽혀 있으니 대화와 설득이 있어야겠죠. 그러나 '희생양 찾기'는 문제를 단순화시켜서 외부에 문제의 원인이 있는 것처럼 상대를 적으로 돌리고 이를 공격하는 방식입니다.

그런데 그런다고 해서 문제가 해결될까요? 전혀 그렇지 않죠. 국민들 시선을 잠시 외부로 돌릴 수 있을 뿐입니다. 엉뚱한 데 분풀이한다고 해서 문제가 풀릴 리 없잖아요. 과거 유대인, 집시, 동성애자를 집단 학살한 예가 바로 그것입니다. 독일은 과거에 그런 일을 겪었고 철저한 반성을 통해 재발을 막으려고 노력하고 있어요. 하지만 시간이 흐른 지금 또다시 과거의 유령들이 되살아나고 있습니다. 이는 비단 독일만의 현상이 아니에요.

독일에서 벌어진 경찰 인권 교육 논쟁

2019년 말 인류는 코로나19 팬데믹이라는 전대미문의 사태를 맞습니다. 유럽도 타격이 컸죠. 2020년부터 유럽 각 지역에 코로나19 바이러스가 퍼지기 시작합니다. 특히 이탈리아 북부가 심했는데, 시신을 처리하지 못할 정도로 사상자가 급증합니다. 밤에 군 수송차로 운구하는 장면이 방송에 보도

되면서 충격을 주기도 했죠.

코로나19 팬데믹은 한때 공고했던 국가 간 협력 체제에 균열을 냅니다. 유럽 연합EU은, 그사이 영국이 빠져나가기는 했지만, 남은 27개 국가가 똘똘 뭉쳐서 '하나의 유럽'을 외치던 때였습니다. 그러다 2020년 초 코로나19 바이러스가 무서운 기세로 확산되니까, 국경 폐쇄부터 합니다. 오스트리아가 먼저 국경을 봉쇄하고 독일과 프랑스도 여기에 가세해요. 완전히 각자도생으로 돌아선 겁니다. 백신을 두고서도 서로 먼저 차지하려고 외교전을 벌여요.

당시 제가 독일에서 대사 생활을 할 때인데요. 달라진 세상을 실감할 수 있었습니다. 사회가 하루아침에 흉흉해졌어요. 아시아인에 대한 혐오와 공격이 나타났습니다. 왜 그랬을까요? 발병 초기 코로나19를 '우한 바이러스'라고 했습니다. 중국의 우한에서 시작되었기 때문이에요. 그러자 독일의 각종 미디어에 중국 우한의 재래시장이 등장합니다. 원숭이, 박쥐 등을 사고파는 장면 등을 계속 보여 주니까, 사람들이 의심하기 시작해요. 일반 시청자들 눈에 중국 사람들, 아시아인들이 코로나19 팬데믹을 일으킨 주범처럼 보이는 겁니다. '박쥐나 원숭이를 잡아먹는 미개인들이 유럽에 코로나바이러스를 퍼뜨렸다'고 생각하는 거죠. 직접적으로 신체에 위해를 가하는 공격은 많지 않았지만, 면전에서 침을 뱉는다거나 욕을 하는 사례가 보고되었습니다.

2020년 4월에는 베를린에서 유학 중인 한국인 학생 부부가 인종차별적 공격을 당했다는 신고가 대사관에 들어왔어요. 현지 언론에도 보도가 되었습니다. 음악을 전공하는 유학생 부부가 지하철을 타고 가는데, 앞쪽에 앉은 백인 남녀 예닐곱 명이 손가락질하면서 코로나 어쩌고 해요. 이 장면을 휴대폰으로 촬영했더니 이걸 빼앗으려고 하면서 몸싸움이 벌어집니다. 더 큰 문제는 신고받고 출동한 경찰들의 태도였어요. 유학생 부부가 항의했음에도 불구하고 이를 대수롭지 않은 사건으로 처리하려고 했다는 거죠. "코로나19를 언급했다고 해서 공격으로 볼 수는 없다"고 했답니다.

우리 대사관은 그렇게 넘어갈 문제는 아니라고 보고 담당자를 배정했어요. 법률 지원을 했고 제가 나서서 언론 기고와 인터뷰 등을 했습니다. 그때 이 문제를 짚고 넘어가야겠다고 생각한 이유는 두 가지입니다. 하나는 '만약 피해자가 독일 시민이었다면 경찰이 저렇게 무성의하게 대응했을까?' 하는 문제의식이 있었고요. 두 번째로, 독일 내에서도 특히 경찰과 군대 안에 극우 조직 문제가 있었습니다. 그러니까 의도적인 차별 가능성이 있다고 본 거예요.

2020년 6월에 독일 국회 안에서 인종주의 문제와 관련한 토론이 열립니다. 당시 미국 미네소타주에서 흑인 조지 플로이드가 경찰 폭력으로 사망하는 사건이 있었고, 독일 경찰과 군대 조직 내에서 극우 조직이 적발되는 일도 있었습니다. 문제의 심각성을 인지한 의회가 토론회를 연 거예요. 당시 쟁점 중 하나가 독일 경찰을 대상으로 한 인권 교육 실시 여부이었는데, 찬반 세력 간 논쟁이 있었습니다.

독일 정당 중에서도 가장 보수적인 바이에른 기독교사회연합CSU 쪽 인물이 내무부 장관이었습니다. 그는 독일 경찰이 따로 인권 교육을 받아야 할 이유가 없다며 반대했고, 사민당이나 기민당 쪽에서는 시대 변화에 걸맞은 인권 교육이 필요하다고 주장했어요. 그 장면을 보면서 독일도 인권 문제를 두고 내부적으로는 상당한 갈등이 있다는 걸 알게 되었습니다. 독일에서 살다 보면 겉으로는 아무 문제가 없는 것 같이 보여요. 법치주의에 따라서, 규칙에 따라서, 질서정연하게 굴러가는 것 같습니다. 그러나 일상의 예민한 대목에서 부딪히는 장면들이 있어요.

독일의 인종주의 논쟁에서도 그랬습니다. 정치인들은 공개적으로는 인종주의를 비판합니다. 헌법 정신에 위배된다고 지적하는데, 외국인 입장에서 들여다보면 그들이 말하는 반인종주의는 반유대주의에 대한 반성적 차원에 머물고 있어요. 과거 유대인 학살이라는 원죄 때문에 이 문제에 무척 예민합니다. 그러나 상대적으로 유색 인종에 대한 차별에 대해서는 철저하지 않아요. 예를 들어 아프리카인이 인종차별주의자에게 공격당했다거나 하는 일에는 관심이 덜합니다. 팔이 안으로 굽듯이 유럽, 백인 중심이라는 느낌을 받았어요.

지금까지 제가 독일에서 지내면서 느낀 부정적인 측면들을 전해드렸는데요. 배워야 할 점도 물론 많았습니다. 제가 1980년대에 유학했던 도시는 독일 중부에 있는 마르부르크란 곳입니다. 전체 인구 7만 명 중 대학생이 2만 명 정도 되는 전형적인 대학 도시였죠. 한편 이곳은 도시 전체가 장애인을 위해 설계된 일종의 시범 지구였어요. 일례로, 지금 우리나라 장애인 단체에서는 교통권 확보를 위해 보행로와 도로 사이의 높낮이 차를 해소해 달라고 요구하고 있는데요. 마르부르크는 이미 1970년대부터 도시 전체에서 휠체어가 자유롭게 다닐 수 있도록 모두 정리했어요.

제가 그곳 장애인 기숙사에 들어가서 생활한 적이 있는데, 일반 기숙사보다 시설이 무척 좋아요. 1인실인 데다가 그 안에 개인 샤워 시설까지 구비되어 있습니다. 학생 기숙사치고는 훌륭하죠. 그래서 여기 들어오려는 학생들이 많아요. 그런데 여기는 장애인과 일반 학생들의 비율이 반반이에요. 장애인 기숙사인데 왜 일반인을 받을까 궁금하실 겁니다. 제 옆방에는 중증 장애인이 살았어요. 두 팔이 없는 분이었는데, 이분이 제게 도움을 요청하면 언제든 응해야 합니다. 그게 조건이에요. 비장애인이 시설 좋은 기숙사에 들어오는 대신, 같이 사는 장애인 학우를 도와주도록 만든 이런 시스템도 저는 꽤 합리적이라고 느꼈습니다. 이미 40~50년 전에 이런 시스템을 갖추었던 거예요. 이러한 사례를 참고하여 우리도 더욱 인권 친화적인 사회로 나아갔으면 좋겠습니다.

골목에서 만나는 동서양 교류 1만 년의 역사

3

이희수

이희수

한양대학교 문화인류학과 명예교수, 성공회대학교 석좌교수 겸 이슬람문화연구소 소장으로 있다. 국내 최고의 이슬람 문화 연구자로 튀르키예 이스탄불 대학교에서 역사학 박사 학위를 취득하고 아랍 여러 지역에서 현장 연구를 수행했다. 쓴 책으로는 『이스탄불: 동서양 문명의 교류』, 『도시로 보는 이슬람 문화』, 『인류 본사』를 비롯해 청소년을 위한 『세상을 바꾼 이슬람』, 『톡톡 이슬람』 등이 있다.

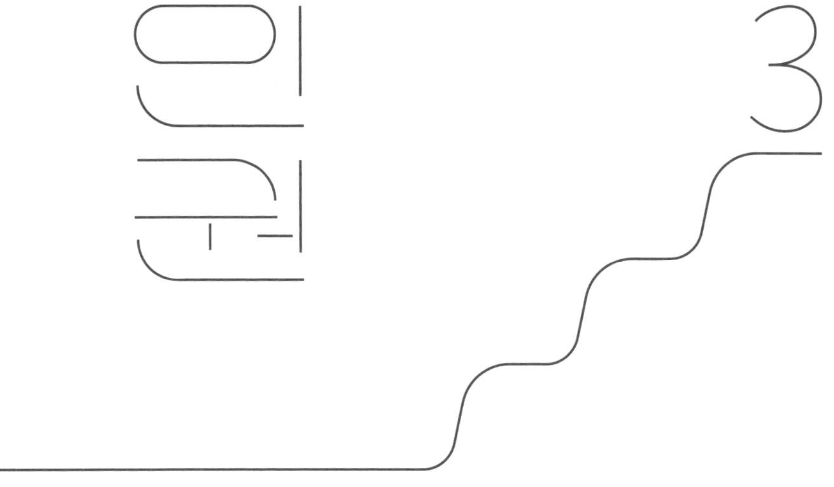

이번 강의의 키워드가 골목과 인권인데요. 처음 이 이야기를 들었을 때 조금 놀랐어요. '인권이 골목과 무슨 상관이지?' 하다가 곧 그 의미를 깨달았어요. 인권을 관념적으로 바라보는 게 아니라 우리의 일상, 시민의 삶 속에서 바라보자는 취지였습니다. 저는 이슬람 문화를 연구하는 문화인류학 전공자로서 이 부분을 유서 깊은 역사 도시 이스탄불의 골목과 연결 지어 보았어요. 이스탄불은 오늘날 튀르키예에 있는 도시로 '이슬람의 도시'라는 뜻입니다. 과거 동로마 제국과 비잔티움 제국의 수도였어요. 그때는 콘스탄티노플로 불렸습니다. 그만큼 오래된 도시로 곳곳에 과거의 유산을 느낄 수 있는 골목들이 남아 있습니다. 현대의 삶과 과거가 절묘하게 조화를 이루고 있다고 할까요. 2000년 동안 거대한 제국의 수도였던 이스탄불의 역사는 우리에게 종교 공존의 아름다움과 삶 속에 녹아 있는 실천적 이슬람 문화에 관해 많은 것을 알려 줍니다. 그럼 이제 이스탄불 골목 여행을 시작해 보도록 할까요.

터키는 왜 튀르키예가 되었나

튀르키예라는 나라는 오랫동안 '터키Turkey'로 불렸습니다. 2022년도에 튀르키예Türkiye로 바꿨어요. 공식적으로는 그렇지만 지금도 터키라는 이름을 많이 쓰죠. 외교부의 공식 문서에서는 그러면 안 되겠지만, 보통은 아무런 문제가 없습니다. 저는 튀르키예 가서도 터키라는 말을 써요. 그들도 당연하게 받아들입니다. 그럼 튀르키예 정부는 왜 나라 이름을 바꿨을까요?

안 좋은 어감과 숨은 의미 때문입니다. 터키는 영어로 칠면조turkey라는 뜻이 있어요. 터키, 혹은 터키 사람들을 가리키는 '터키인Turkish'이라는 말은 '칠면조 같은, 시시때때로 변하는, 믿을 수 없는’ 같은 뜻이 있습니다. 영어를 쓰는 유럽이나 미국인들이 터키 사람들을 가리킬 때 쓰는 말이 그렇다 보니 불편합니다. 안 좋잖아요. 왠지 경멸하는 듯한 뉘앙스가 있어요. 그래서 이걸 바꾸려고 했는데, 국호를 바꾸려면 국제 연합UN 총회의 결의를 거쳐야 해요. 몇 번 시도했는데 안 됐다가 2022년도에 통과가 된 거죠. 그런데 영어권 국가가 아닌 우리는 어때요? ‘터키’라는 이름에 부정적 인식이 없어요. 한국 전쟁 때 우리를 도와준 형제의 나라로 인식합니다. 긍정적인 이미지였는데, 국호 변경을 계기로 터키라는 이름에 안 좋은 뜻이 있었다는 걸 알게 되었습니다.

2023년에 튀르키예 공화국 수립 100주년 기념식이 있었습니다. 제가 행사에 초대받아서 기조 강연을 했는데, 그때 이런 이야기를 했어요. “튀르키예로 이름을 바꾼 것은 환영하지만, 한국 국민에게는 터키가 훨씬 친숙하다. 외려 나라 이름을 바꾸면서 거기에 못된 뜻이 있다는 걸 알게 되었으니, 국가 브랜드에 오히려 마이너스 요인이다. 그러니 나는 계속해서 터키라고 부르겠다. 내가 좋아하고 한국 국민에게도 긍정적인 이미지를 가진 터키를 굳이 튀르키예로 바꿔 부르지 않겠다.” 그랬더니 청중들이 모두 박수를 쳤습니다. 그러니 저는 이번 강연에서 정식 국호를 사용하겠습니다만, 여러분은 일상에서는 편하게 터키라고 불러도 돼요.

인류 최초의 문명 실험장인 튀르키예와 이스탄불

튀르키예는 지정학적으로 아시아와 유럽에 걸쳐 있습니다. 국토의 97%는 아시아고, 3%는 유럽에 속해요. 튀르키예의 수도는 앙카라입니다. 최대 도시 이스탄불은 유럽과 아시아에 걸쳐 있는 지구상에 유일한 도시입니다. 그래서 이스탄불의 역사는 유럽과 아시아, 동양과 서양, 기독교와 이슬람이라는 상반된 두 개의 축으로 형성된 깊고 오래된 이야기들의 집합입니다. 흥미로울 수밖에 없지요. 세상의 이야기들이 모두 모여드는 곳이니까요. 오늘은 주로 유럽의 이스탄불 이야기에 집중하겠지만, 그래도 이 도시의 오랜 역사를 거슬러 올라가 보면 아시아 쪽 튀르키예, 즉 아나톨리아반도의 역사를 빼놓고 갈 수는 없을 것 같습니다.

튀르키예의 동쪽 끝, 아르메니아 국경에 아라라트^{Ararat}산이 있습니다. 구약에서 '노아의 방주'가 걸렸다는 산이죠. 여기서 남서쪽으로 150킬로미터쯤 되는 지점에 반^{Van}이라는 호수 지역이 있습니다. 성경에 나오는 에덴동산이 바로 이곳이라는 주장이 있습니다. 물이 많고 토지가 비옥해서 오래전부터 낙원의 땅으로 불렸던 곳이죠. 이번에는 남쪽으로 가보 겠습니다. 시리아 접경 지역에는 하란Harran이라는 고대 도 시가 있습니다. 성경에 보면 아브라함이 가나안으로 떠나 기 전에 머문 장소로 나옵니다. 아브라함은 이곳 근처 샨르 우르파의 동굴에서 태어난 걸로 전해집니다. 아브라함의 동 굴에는 지금도 수많은 무슬림 순례객들이 방문하고 있어요. 이슬람에서도 아브라함은 중요한 선지자이니까요. 아랍어 로 아브라함은 이브라힘Ibrahim입니다. 초대 7대 교회, 칼케돈 Chalcedon, 니케아Nicaea, 에페소수Ephesus 같은 공의회 장소도 모두 튀르키예에 산재해 있어요. 이처럼 성서에 등장하는 많 은 지역이 이곳에 집중되어 있어 기독교나 이슬람의 성지 순 례지로도 인기가 높지요.

하란 옆에는 '괴베클리 테페Gbekli Tepe' 유적지가 있습니다. 겉으로는 평범해 보이는 언덕이었는데, 1994년 독일의 고고 학자 클라우스 슈미트Klaus Schmidt 교수팀이 이곳에서 신석기 시대에 지어진 구조물을 발견해요. 기원전 9600~9500년경 에 지어진 유적으로, 기존 고고학의 상식을 뒤엎는 대발굴이 었습니다. 지금도 관련 작업이 한창인데요. 여러분도 잘 아시 다시피, 유프라테스강과 티그리스강 사이의 메소포타미아 지 역은 인류 문명의 발상지입니다. 오늘날 이라크 남부와 시리아, 튀르키예 일부 지역에 걸쳐 있죠. 이곳에서 수메르를 중심으로 한 고대 문명이 꽃피웠습니다. 기원전 4000~2000년 사이에 존재한 것으로 알려졌죠. 우리에게 알려진 가장 오래된 문명이었습니다. 그런데 괴베클리 테페는 이보다 많게는 7000년 이상 앞선 거예요. 두 강의 상류 지역에 메소포타미아의 어머니 격인 문명이 있었다는 거죠. 이 점은 성서에 나오는 이야기들과 거의 겹치고 있습니다. 그래서 성서 해석도 다시 해야 하는 상황에 온 겁니다.

괴베클리 테페의 발견으로 지금껏 고고학이 가르쳐온 '세계 4대 고대 문명' 학설이 근원적으로 바뀔 것 같습니다. 특히 첨단 과학 기술이 연구에 큰 도움을 주고 있어요. 예를 들면, 기원전 1600~1200년경 튀르키예 중부 지역에 세워졌던 히타이트 제국은 점토판에 그들만의 문자로 기록을 남겼습니다. 약 150년에 걸쳐서 전문가들이 조금씩 해독해 왔는데, 슈퍼컴퓨터에 그동안 수집한 데이터를 넣었더니 놀라운 속도로 약 4만 개에 달하는 점토판 내용을 해석합니다. 그 결과 히타이트 역사가 연대기적으로 정리되면서, 그동안 몰랐던 새로운 사실이 밝혀지고 있죠. 과거 나폴레옹이 1799년에 일명 '로제타 스톤'을 발견하고, 여기에 적힌 같은 내용의 각기 다른 언어를 비교 분석한 결과 이집트 상형 문자가 거의 완벽하게 해독되었던 과정과 비슷해요. 그런 혁명적 변화가 지금 히타이트 문명과 관련해서도 일어나고 있어요.

이번에는 서쪽으로 좀 더 가볼까요? 튀르키예 서남부에는 지중해와 접한 도시 안탈리아Antalya가 있습니다. 휴양 도시로 유명하죠. 여기서 1시간 거리에 뎀레Demre라는 마을이 있습니다. 예전에는 미라Myra로 불렸죠. 여기에는 산타클로스의 원형으로 알려진 성 니콜라우스 주교의 생가와 그의 무덤 위에 지어진 교회가 있어요. 산타클로스는 실존 인물입니다. 그가 행했던 헌신과 미담이 전설처럼 오늘까지 이어진 거예요. 그런데 이 이야기가 북유럽 나라인 핀란드로 전해지면서 선물을 주는 산타클로스 이야기가 되고 이것이 코카콜라라는 음료 회사의 마케팅과 만나면서 세속적으로 변한 겁니다.

그리스와 마주 보는 서쪽 해안 도시 에페수스Ephesus에는 성모 마리아의 유택이 있습니다. 마지막으로 이곳에서 사시다가 돌아가셨어요. 거기서 내륙으로 한참 들어가면 프리기아Phrygia라는 도시가 나와요. '임금님 귀는 당나귀 귀' '벌거벗은 임금님'의 주인공, 손만 대면 황금으로 변하게 만든다고 알려진 미다스 왕이 여기에 살았습니다. 왕묘도 발견이 됐죠. 거기서 북서쪽으로 죽 올라가면 에게해와 인접한 차나칼레Çanakkale가 나옵니다. 우리가 잘 아는 고대 도시 트로이가 바로 여기예요. 19세기 말에 독일 고고학자 하인리히 슐리만이 여기서 유적을 발견하면서 트로이는 지금 완벽한 역사로 들어와 있습니다. 또 하나, 신화 속에 등장하던 여성 전사들의 왕국 아마존Amazon이 있습니다. 흑해와 인접한 흑해 북부 도시 삼순Samsun과 트라브존Trabzon을 잇는 지역에서 고대 무덤이 발견됐어요. 여기서 여성 전사의 유해가 나왔습니다. 지금 이 일대 예닐곱 군데에서 발굴 작업이 한창이에요. 지금까지는 전설입니다만, 언젠가는 실재했던 역사가 될지도 몰라요.

그렇다면 우리는 왜 이러한 사실들을 오랫동안 신화로만 배웠을까요? 왜 이제서야 역사적 사실로 밝혀지기 시작했을까요? 튀르키예 지역에서 지금 발견되고 있는 고대 문명들은 훗날 크레타 문명을 거쳐 유럽 문명으로 이어집니다. 근현대를 주도한 사람들은 바로 유럽인들입니다. 이들이 오늘날 고고학을 비롯한 역사학의 기준을 만들었어요. 그런데 이들은 자기들 입장에서 보았을 때 이교도가 사는 이슬람 지역의 역사에 관심이 없었어요. 오히려 이슬람 문명에 대한 거부감이 심했습니다. 따라서 튀르키예 지역에서 발견된 고고학적 성과들을 서양 역사에 반영하기가 두렵거나 껄끄러웠을 거예요.

유럽인들은 모든 인류의 뿌리이자 서양 문명의 뿌리를 그리스·로마에 두고 있는데, 이걸 뒤집기가 쉽지 않았겠죠. 서구인들은 그럴 수 있습니다. 그러나 동양인인 우리마저 그들의 시각으로 고대사를 볼 이유가 없어요. 그리스·로마도 중요하지만, 이것과는 별개로 동양의 고대 문명을 관심 있게 알아보아야 합니다. 그래야 객관적으로 인류의 역사를 이해할 수 있습니다.

골목에서 만나는 동서양 교류 1만 년의 역사

튀르키예 여행을 다녀오신 분들은 무척 만족스러워해요. 앞서도 알아보았지만, 동서양의 다양한 문화와 역사를 체험할 수 있어요. 우리나라 사람들이 이슬람 문화에 갖는 이미지는 이중적입니다. 매력적이기는 한데 반감도 있죠. 어쩌면 우리가 서구 유럽인들의 편견에 사로잡혀 오해하고 있는지도 모릅니다. 이슬람 문화는 우리가 알고 있는 것보다 훨씬 큰 영향을 세계에 미쳤어요. 이스탄불은 이슬람 문화의 모든 것이 압축된 도시입니다. 동서양이 만나서 교류했던 1만 년의 역사가 곳곳에 남아 있어요. 그리스보다도 더 많은 그리스 유적이, 로마보다도 더 많은 로마 유적이 있습니다. 특히 튀르키예에서 반도처럼 튀어나온 부분인 아나톨리아 지역은 흑해와 지중해 사이에 있으면서 오랫동안 문명의 꽃을 피워 왔어요. 이 부분을 모르고서는 그리스·로마를 제대로 이해할 수 없습니다.

여러분, 고대 그리스의 역사학자 헤로도토스 아시죠. 『역사』, 『페르시아 전쟁사』 등을 쓴 인물로 '최초의 역사가'로 불립니다. 이 사람이 튀르키예 아나톨리아 태생이에요. 그다음으로 서양 문학의 고전인 『일리아드』와 『오디세이』를 쓴 호메로스가 있죠. 그 역시 튀르키예 서부 도시 중 한 곳에서 출생했을 것으로 추정되고 있죠. "만물의 근원은 물이다"라는 말로 유명한 자연 철학의 창시자 탈레스도 이 지역 사람입니다. 『이솝 우화』로 널리 알려진 이솝은 미다스 왕이 다스렸던 아나톨리아 프리기아 왕국 사람이었죠. '의학의 아버지' 히포크라테스는 튀르키예 서부 페르가몬 왕국의 아스클레피온 병원에서 수학했다고 알려져 있고요.

유명한 아리스토텔레스는 그리스 북쪽 마케도니아 출신이었지만 튀르키예 지중해 도시 밀레토스에 있는 철학 학교에서 공부한 후 아테네로 건너가 철학의 꽃을 피우죠. 말하자면 철학, 역사, 문학, 의학 할 것 없이 많은 학문과 예술이 튀르키예 지역에서 그리스로 넘어갑니다. 이것이 기원전 6세기, 화려한 그리스 문명으로 꽃피우게 돼요. 그런 의미에서 고대 그리스·로마 문명을 이해하려면 꼭 튀르키예 아나톨리아 문명을 알아야 한다는 말씀을 드린 겁니다.

1299년에 출발한 오스만 제국은 15~16세기, 아나톨리아 본토를 넘어 남부 유럽과 북아프리카 일대를 아우르는 대제국을 건설했어요. 624년간 지속한 대제국으로 20세기까지 그 위세를 떨칩니다. 그만큼 세계사에 큰 영향을 끼쳤다고 할 수 있고요. 무엇보다 우리나라를 좋아해요. 튀르키예는 한국인을 1등 국민으로 대접하는 세계에서 거의 유일한 나라일 겁니다. 그러니 우리도 관심을 갖고 이들을 이해하려고 노력해야겠죠. 이스탄불은 튀르키예의 모든 유산을 압축한 도시입니다. 구시가지 전체가 유네스코 세계 문화유산으로 지정돼 있어요. 그래서 여기는 지하철이 없습니다. 지상으로 다니는 트램만 있습니다. 그럼 본격적으로 이스탄불 골목 여행을 시작해 보겠습니다.

이스탄불 중심부에는 성 소피아Ayasofya 성당이 있습니다. 이스탄불 여행의 중심이자 시작점이지요. 기원전 6세기에 지어진 그리스 정교회의 총본산이었어요. 그러다가 1453년 오스만 제국이 동로마 제국을 무너뜨리고 이곳에 입성하면서 이슬람 모스크가 되었습니다. 여기서 마주 보는 100미터 거리에 술탄 아흐메트 모스크가 있습니다. 푸른 타일로 내부와 천장을 장식했다고 해서 '블루 모스크'로도 불리죠. 17세기에 완공되었습니다. 약 1000년의 시차를 두고 지어진 두 건물을 보고 있자면, 서로 다른 종교와 문화가 공존하는 이스탄불만의 특별한 조화를 느낄 수 있어요.

한편 이스탄불은 골목의 도시이기도 합니다. 제가 자료를 찾아보니, 이미 5세기경 콘스탄티노플 초기에 4383채의 가옥이 323개의 골목으로 연결돼 있었다는 기록이 있더군요. 인구도 무척 많아서 우리나라 삼국 시대 초기에 해당하는 6세기에 이미 50만 명을 넘어섰고, 9세기에는 100만 명에 이릅니다. 명실상부한 세계 최대 도시였어요. 역사적으로 가장 오랫동안 가장 많은 사람이 문명을 이룬 도시가 바로 이스탄불입니다. 이것이 바로 전 세계 관광객이 밀려드는 이유가 아닐까 합니다.

이스탄불 골목을 돌아다니다 보면 특별한 꽃문양과 마주치게 되는데, 바로 튤립입니다. 튤립은 이스탄불을 상징하는 꽃입니다. 보통은 네덜란드를 많이 떠올리지만, 원산지는 중앙아시아 톈산산맥입니다. 이곳 묘목을 실크로드 대상들이 가져다가 심었을 거예요. 아시다시피 이스탄불은 동서양 교역의 중심지였습니다. 이스탄불에서 잘 자라던 튤립은 오스만 제국의 왕실 문양이 되었지요. 이스탄불 구시가지에 있는

톱카프 박물관에 가면 튤립 문양이 그려진 옷이나 접시, 다양한 왕실 유물들을 만날 수 있습니다. 16세기 오스만 제국에는 유럽 국가들에서 파견된 대사들이 상주하고 있었지요. 그중 네덜란드인도 포함되어 있었겠죠. 그러다 전에는 본 적 없는 아름다운 튤립을 알게 되고, 묘목을 자국에 가져갑니다. 이를 개발하여 상업적으로 활용한 거예요.

17세기 초 네덜란드에 튤립 열풍이 몰아칩니다. 투자 종목이 되면서 가격이 급등해요. 오늘날로 치면 튤립 한 송이가 아파트 한 채 값이 됩니다. 이는 세계 최초로 '주식'이 탄생하는 계기가 되지요. 주식 공부하는 사람들은 아마 알 거예요. 경제학 책에도 다 나와 있는 내용입니다. 네덜란드는 튀르키예와 달리 해양성 기후로 덥고 습해요. 그만큼 식물이 잘 상할 수 있습니다. 그 비싼 작물이 썩으면 큰일이죠. 꽃을 피우면 대박이지만 중간에 시들면 망합니다. 그러니 위험 부담을 줄이려고 여러 사람이 같이 투자하게 된 거죠. 그 과정에서 주식이 등장하고요. 튤립 구근이 자라서 꽃을 피우는 데는 보통 두 달이 안 걸립니다. 그러고 나서 꽃이 피면 그 꽃을 보면서 파티를 열어요. 저명인사를 초청합니다. 가격이 어마어마하다 보니 일반인들은 꿈도 못 꾸죠. 튤립이 특권 계급의 상징처럼 되어 버린 거예요.

한국에 매우 특별한 나라, 튀르키예

　이스탄불은 외견상 무질서해 보이지만 그 안에는 오래된 전통이 수립한 질서가 있습니다. 옛 도시 특유의 자부심과 그 안에서 사는 사람들의 진정성이 느껴질 때가 많아요. 제가 이스탄불에서 오랫동안 지내고 또 200회 이상 오가면서 매번 마주하는 장면이 있었습니다. 모스크에서 신자들이 예배를 마치고 나오면 거지들이 줄을 섭니다. 서로 밀치거나 하지 않고 딱 정해진 자리에 가서 서요. 적선하는 사람도 이번에는 앞사람에게 다음에는 뒷사람에게 주는 식으로 균형을 맞춥니다. 참고로 저도 몇 번 거리에서 거지를 만나 돈을 준 적이 있지만, 한 번도 고맙다는 인사를 받아본 적이 없어요. 그들은 동전을 건네는 사람들에게 고맙다는 말 대신에 이렇게 인사해요. "알라 라즈 올순(알라가 좋아하실 것이다)!" 좋은 일을 했으니 신의 은총을 받을 거로 생각하는 것 같았어요. 그뿐이에요. 가난하지만 비굴하지는 않았습니다. 이스탄불 사람들은 주는 사람과 받은 사람의 위계를 따지기보다 나눔을 사람의 도리로 생각하는 것 같았습니다. 우리도 한번쯤은 새겨 볼 필요가 있어요.

　앞서도 말씀드렸지만, 한반도 바깥에서 우리를 1등 국민

대접하는 유일한 나라가 튀르키예가 아닌가 싶습니다. 미국을 혈맹이라고는 하지만, 우리나 그렇게 생각하지 실제로 그렇게 대접받아 본 적은 없잖아요. 이해관계에 따라 동지도 하루아침에 적이 되는 게 냉혹한 국제 관계의 현실입니다. 그런데 튀르키예는 한국 전쟁 참여 이후로 국제 무대에서 한결같이 한국을 지지해 왔어요. 제가 이스탄불에 머무는 동안 한 번도 외국인이라는 생각을 해 보지 못했을 정도였습니다.

어느 나라건 외국인들이 가장 두려워하는 대상이 출입국 관리소입니다. 우리나라만 악명이 높은 게 아니에요. 저도 이스탄불에서 유학할 때 1년마다 거주 허가를 연장해야 했습니다. 이를 위해 몇 번을 방문해서 길게 이어진 줄 뒤에 서야 했지요. 시기를 놓치면 꽤 많은 돈을 벌금으로 내야 했어요. 방문한다고 해서 바로 발급받는 것도 아니에요. 저도 거주 허가를 연장하려고 첫날 가서 줄을 섰는데, 오후 4시 30분이 되니까 업무를 종료해요. 내일 오랍니다. 그렇다고 따로 대기표를 주지도 않아요. 다음날은 줄이 짧아서 이번엔 되려나 싶었는데, 중간에 새치기하는 사람들이 많았는지 그날도 못 했어요. 결국 마지막 기회라 생각하고 마감 전날 일찍 줄을 섰습니다. 그런데 12시가 되니까 점심시간이라면서 또 문을 닫아요.

이러다가는 안 되겠다 싶어서 따졌습니다. 튀르키예 말도 제법 익숙해진 데다 화도 난 상태였으니까요. "3일씩이나 이 고생을 하고 있다. 이번에 못 하면 벌금을 내야 하는데, 계속 기다리게만 하고 대기표도 안 준다. 도대체 뭐 하자는 거냐." 그러자 제복 입은 사람이 나오더니 기분 나쁘다는 듯이 여권 내놓으래요. 받아 보더니 표정이 바뀌어요. "한국인인가?" 하더니 사무실로 따라오랍니다. 가서 기다렸더니 관리자처럼 보이는 사람이 이것저것 물어요. "어디서 왔느냐" "한국Guney Kore에서 왔다" 그때부터 자기 할아버지가 참전 용사고, 집에 한국산 텔레비전이 있는데 품질이 참 좋다는 등 쓸데없는 이야기를 20분 동안 합니다. 마음이 급해서 빨리 비자 연장해 달라고 해도 계속 떠들어요. 내민 여권은 보지도 않고 차도 마시고 농담도 하고 하더니 마지막에 도장을 쿡 찍어 줘요. 그러더니 이제 됐으니 가 보랍니다. 그다음부터는 줄을 안 섰죠. 한국인이니 예외로 인정해 준 거예요. 자국인 대하듯이 해 준 거죠. 출입국 관리소랑 그렇게 친해졌습니다.

튀르키예는 한국 전쟁 때 1만 5000명을 파병해서 그중 3000여 명의 사상자를 냅니다. 지금도 부산 유엔 묘지에 약 450명의 유해가 안치되어 있어요. 그러면 우리로서는 혈맹국이나 다름없잖아요. 최소한 고맙다는 말 정도는 할 수 있어야 합니다. 그런데 전쟁 끝나고 수십 년 동안 한 번도 우리 대통령이 튀르키예를 방문한 적도, 튀르키예 국민들에게 공식적으로 감사하다는 표현을 한 적도 없어요. 문서상 했는지 모르지만 튀르키예 사람들이 얼마나 배신감을 느끼겠어요. 그러다 2004년 노무현 대통령이 처음으로 튀르키예를 국빈 방문했습니다. 이때 한국 전쟁 파병에 관해 감사의 뜻을 전했죠. 당시 튀르키예 신문 1면에 한국 대통령 사진과 환영 문구가 한글로 실렸습니다. 한글판 신문인 줄 알았어요. 그날을 얼마나 기다려 왔는지 알 것 같았어요.

기독교와 이슬람이 공존하는 문화

다음으로 말씀드리고 싶은 것이 바로 이스탄불의 공동체 정신입니다. 이스탄불은 더불어 사는 도시입니다. 동서양의 지리적·물리적 결합은 물론 기독교와 이슬람이 공존하는 사회예요. 지금도 많은 소수 종파, 소수 민족이 어울려 살아갑니다. 각자 커뮤니티가 따로 있지 않고 하나의 공동체에 속해서 생활해요. 우리나라는 외국인들이 특정 지역에서 무리를 이루어 지내는 경향이 있죠. 이스탄불은 그냥 섞여서 지냅니다. 심지어 사이가 안 좋았던 유대인들도 많이 살아요. 이스라엘과 미국 다음으로 많은 수가 이스탄불에서 삽니다. 이스라엘을 건국한 뒤에도 그냥 거기 남아서 지냅니다. 한때 판매 부수가 가장 많았던 최대 일간지가 유대계 신문이었습니다. 지금은 사주가 바뀌었다고 하네요. 98%가 이슬람교를 믿는 나라에서 어떻게 이런 일이 가능했을까요? 그 신문이 가장 믿을 만한 정보를 주고 구독자의 취향을 잘 반영하기 때문이 지, 사주가 누구인지는 중요하지 않은 거지요.

로마의 서로마 가톨릭에 대립하는 동로마 교회가 그리스 정교회이지요. 1054년 교황 중심의 서방 교회(로마 가톨릭)와 콘스탄티노플 대주교 중심의 동방 교회(그리스 정교회)는 공 식적으로 결별합니다. 그러다 콘스탄티노플이 오스만 제국 에게 멸망하면서 그리스 정교회가 키예프나 모스크바로 가 서 러시아 정교회가 되고, 다시 조지아에 가서 조지아 정교회 가 되죠. 그렇지만 그리스 정교회의 총본산은 그대로 콘스탄 티노플(이스탄불)에 있었습니다. 1830년 그리스 독립 후에도 아테네로 옮기지 않고 이스탄불에 그대로 남은 거지요. 만약 탄압이나 차별이 있었다면 그러지 않았겠죠. 마찬가지 이유 로 초기 아르메니아 교회나 유대교 회당 시나고그도 이스탄 불에 남아 있습니다. 다양한 종교가 골목골목에 함께 섞여 있 어요.

동방 정교회(그리스 정교회) 대성당인 아야 소피아는 537년에 완공했으니 1500년쯤 된 건축물입니다. 원래 그리스 신전이 있던 자리입니다. 여기에 그리스 정교회 성당을 지었다가 1453년 오스만 제국이 콘스탄티노플을 차지하죠. 역사적으로 이 시기, 동로마 제국 멸망을 중세가 끝나고 근세가 시작되는 기점으로 보죠. 어쨌든 새 주인이 된 이슬람 세력은 이곳을 모스크로 개조합니다. 종교적인 상징을 바꾸어야 정복이 완성되는 거잖아요. 그런데 기존 것을 완전히 파괴하지는 않았어요. 성모 마리아상과 예수상을 그대로 둡니다.

이슬람은 우상 숭배를 철저히 금지합니다. 교리상 어떤 인물이나 동물도 조각하거나 새기지 못해요. 창시자인 무함마드조차도 그렇습니다. 무함마드를 그리는 건 금기예요. 그런데도 그들 입장에서 이교인 기독교 형상을 손대지 않아요. 긁어내거나 지우는 대신 커튼으로 가립니다. 천장을 덮어 버린 거예요. 안 보이게. 그런데 이게 몇 년 지나면 상하잖아요. 아래에서 예배를 보는데, 찢어진 천장 커튼 사이로 성모 마리아와 예수가 보였다가 안 보였다가 합니다. 결국 그 위로 회칠을 하기로 하죠.

그러다 튀르키예에 커다란 정치적 변화가 생깁니다. 1차 세계 대전 중에 독일과 동맹을 맺었던 튀르키예는 종전 후 1919년부터 3년간 이스탄불과 서부 지역 일부가 연합국의 지배를 받습니다. 이후 무스타파 케말 아타튀르크를 중심으로 한 독립 전쟁으로 이들을 물리치고 1923년 터키 공화국을 출범시키죠. 아야 소피아도 이때 크게 바뀝니다. 당시 유럽은 패전국인 튀르키예에 아야 소피아 모스크를 성 소피아 성당으로 복원하라고 압력을 넣고 있었어요. 그러나 독립을 한 상황에서 순순히 그들의 말에 따를 수는 없었습니다.

결국 1935년 특별법을 제정합니다. 요지는 모든 종교와 이념을 떠나 평화와 상생의 모델로 만들자는 것이었습니다. 그래서 이곳을 박물관으로 지정하고 내부에서는 어떤 종교적 행위도 하지 못하도록 규정을 만들었지요. 누구든지 와서 즐기는 인류의 공통 문화유산으로 삼겠다는 것이었어요. 이에 따라 발굴을 통해 내부의 회칠을 벗겨내고 지금의 모습을 갖추게 된 겁니다. 그 과정에서 발견된 작품 중에 그 유명한 황금 모자이크 그림들이 있었습니다. 500여 년 만에 그 모습을 드러낸 거예요. 상식적으로 금이라면 누군가 뜯어 갈 수도 있잖아요. 그런데 당시 통치자인 술탄이 이를 금지했어요. 그 덕분에 오늘날 온전히 모습을 유지하고 있는 겁니다. 그러다 상황이 또 한 번 바뀌죠. 2020년 성 소피아 박물관은 전 세계의 반대와 우려에도 불구하고 다시 모스크로 용도 변경이 되지요. 지금 아래층은 기독교 성화들을 커튼으로 가린 종교 시설로 이슬람식 예배를 보고, 2층은 공개하여 관광객 입장을 허용하고 있어요.

공동체 문화가 빚은 정겨운 골목 풍경

이스탄불에는 구시가와 신시가를 잇는 갈라타 다리가 있는데요. 사람들이 여기서 물고기를 잡습니다. 시내 한복판에 천연 바다 낚시터가 있는 셈이에요. 지금 이스탄불 인구가 2024년 기준으로 1500만 명이 넘습니다. 그런 도시 한복판에서 퇴근길이 되면 사람들이 빈틈없이 모여 낚시를 하고 그렇게 잡은 물고기를 집으로 가져가 식탁에 올립니다. 현대적이면서도 목가적인 풍경이 아닐 수 없습니다. 오래된 도시인 만큼 골목 풍경도 정겹습니다. 골목을 걷다 보면 항상 광장이 나타나고 그곳에는 탑이나 모스크 같은 건축물이 있습니다. 그중에서도 갈라타Galata 탑이 유명합니다. 1348년에 제노바의 상인들이 지나가던 배를 감시할 용도로 세웠다고 하는데요. 그 주변이 지금은 유대인들이 모여 사는 갈라타 지구예요.

이스탄불 사람들은 오랫동안 전통을 지키면서 생활합니다. 제가 유학 생활을 하던 1980년대의 이스탄불 동네 풍경을 한번 떠올려 보겠습니다. 골목길 아파트 생활에는 따로 시계가 필요 없어요. 일정한 시각에 같은 목소리의 주인공들이 생활시간을 알려 주기 때문이지요. 먼저 해 뜨기 2시간 전인 새벽 4~5시경, 모스크에서 흘러나오는 예배 소리로 하루가 시작됩니다. 예배를 알리는 이 낭송을 '아잔Adhan'이라고 합니다. 아침 7시쯤 되면 등에 신선한 양유를 실은 노새를 앞세우고 상인이 지나가죠. 목에서 딸랑딸랑 방울 소리가 울립니다. 그러면 잠옷 차림인 사람들이 이들을 불러세웁니다. 여기저기서 열린 창문으로 빈 병을 담은 바구니를 내려보내죠. 그런 식으로 양젖과 돈을 주고받습니다. 한번은 제가 심부름을 한 적도 있어요. 누가 바구니를 내려보내더니 저더러 빵 가게에서 빵 좀 사 달랍니다. 알겠다고 하고 가게에서 물건을 사다 올려보냅니다. 그러면 다시 바구니가 내려와요. 보면 초콜릿 같은 게 들어 있습니다. 제게 주는 선물이에요. 21세기 한복판에서 지금도 볼 수 있는 골목 풍경입니다. 참으로 정겨운 도시지요.

이스탄불 사람들은 에크멕Ekmek이라는 빵을 주식으로 합니다. 튀르키예에서 국민 빵으로 불릴 정도로 인기가 좋아요. 가격도 저렴해서 아무리 물가가 올라도 우리 돈으로 500원을 넘지 않습니다. 나라에서 가격을 통제해요. 양도 많아서 한 끼 식사로 충분합니다. 여기서 제가 놀란 것은, 재벌이나 노숙자나 모두 똑같은 빵을 먹는다는 거예요. 우리나라는 동네마다 먹는 빵도 다르고 가격도 다르잖아요. 부자 동네는 더 비쌉니다. 재료도 모양도 다르죠.

이스탄불을 여행하다 보면 어느 식당에 가도 에크멕을 만납니다. 식탁 위에 수북이 쌓여 있어요. 이 빵은 무한 리필입니다. 아무리 많이 먹어도 추가로 계산하지 않습니다. 우리가 식당 가서 물 두 잔 마셨다고 돈 더 안 내는 것과 마찬가지예요. 정말 가난해서 빵을 사 먹을 돈도 없다 싶은 사람이 있으면 누가 대신 내줍니다. 이건 어떻게 말로 설명하기가 어려운데요. 튀르키예는 우리보다는 경제적으로 낙후돼 있지만 돈 없어서 굶어 죽는 사람은 없습니다. 최소한의 서민 생계를 정부가 책임지고, 또 서로 돕는 공동체 문화가 있기 때문이에요.

다시 이스탄불의 골목 풍경으로 돌아가 보겠습니다. 시민들이 아침 식사를 마치고 나면 10시쯤에 도시가스 차가 등장합니다. 1980년대까지 석탄이나 나무를 땠는데, 공기가 너무 나빠지니까 도시가스를 공급하기 시작했어요. 고물상이 손수레를 끌고 지나가고, 비슷한 시간에는 플라스틱 제품을 수거하는 사람이 나타납니다. 점심때인 12시부터 오후 1시 사이에는 우체부가 지나가요. 제가 유학할 당시는 인터넷이 없을 때라 우편물이 꽤 중요한 소통 수단이었습니다. 전화도 드물어서 지금은 상상도 못 할 정도로 불편했겠지만, 그때는 그게 일상이었어요.

제가 문밖을 내다 보고 있으면 우체부가 수십 미터 앞에서 편지를 흔듭니다. 제가 기다리는 걸 아는 거죠. 그러면 저는 또 그분께 드릴 따뜻한 차를 준비합니다. 오후에는 하수구 청소하는 분을 만날 수 있습니다. 저녁이면 추워지니까 땔감 파는 분도 이때쯤 지나가고요. 오후 3시부터 5시까지는 차 마시는 시간, 티타임입니다. 모든 골목이 차 끓일 때 나는 향으로 가득해요. 이들은 이웃끼리 서로 차를 나눠요. 혼자 마시는 경우는 거의 없습니다. 좁은 골목이라면 2층 발코니를 통해서 서로 차를 교환하기도 하고, 직접 이웃집에 모이기도 합니다. 과자와 차를 나누며 안부를 나눕니다. 동네에서 일어나는 여러 이야기, 혼담이나 사업 이야기도 오갑니다.

주택 건물은 높아야 5층이에요. 그 이상이면 엘리베이터를 설치해야 합니다. 그러면 건축비가 올라가잖아요. 그러니 일반 서민 주택들은 4층 또는 5층입니다. 지금은 많이 달라졌죠. 특히 신도시 지역에는 고층 아파트도 많아지고, 생활상이 우리 도시와 크게 다르지 않아요. 옷차림도 많이 달라져서,

젊은 세대들은 이런저런 장신구를 하는 대신 전통 의상에 새로움을 더하면서 개성을 뽐내고 있습니다.

이스탄불 골목의 또 하나 특징은 곳곳에 붙은 마비 본죽 Mavi Boncuk이라는 일종의 부적입니다. 튀르키예도 징병제 국가입니다. 특히 1980년대부터 쿠르드 반군과의 분쟁으로 지난 20여 년간 4만 명 이상이 희생되었습니다. 그러니 자식 군대 보내는 날에는 온 집안이 눈물 바람입니다. 그래서 무사 귀환을 비는 부적들이 골목마다 붙어 있어요. 취업이나 합격을 기원하는 것들도 있습니다.

튀르키예 사람들은 하루 평균 10~15잔의 차를 마신다고 해요. 집에 놀러 가면 차부터 내놓습니다. 카페에서 파는 차 한 잔 값이 커피보다 훨씬 싸요. 커피는 수입하니까요. 공짜로 주는 데도 많습니다. 그만큼 인심도 후해서 사람들이 자주 권해요. 거절하면 성의를 무시했다고 불쾌해하기 쉽습니다. 거절할 때 기분이 상하지 않도록 하는 방법이 있어요. 찻잔 위에 차 스푼을 얹어 놓으면 '네 마음은 고맙지만, 그동안 차를 너무 많이 마셨다'는 뜻입니다. 예의 바른 거절이에요. 튀르키예에는 "내일 굶어 죽어도 오늘 찾아온 손님을 그냥 돌려보내서는 안 된다"는 말이 있습니다. 그만큼 손님 접대 문화가 발달했어요. '손님 잘 대하기Misafırperverlik'라는 고유 명사가 있을 정도입니다. 그래서 튀르키예 골목 인심은 풍성합니다. 뭐든지 이웃과 나눠요.

와크프 전통에 담긴 자비와 포용의 문화

튀르키예를 포함해 이슬람 국가에는 '와크프Waqf'라는 시스템이 있습니다. 종교적 전통에 따른 기부와 자선을 의미해요. 우리말 '종교 복지'쯤으로 이해할 수 있겠는데요. 나라마다 여러 와크프 재단에서 종교 시설도 관리하고 교육이나 복지 활동을 벌입니다. 전쟁 때에도 작동될 만큼 그들 사이에서는 하나의 종교적 신념으로 자리 잡고 있습니다.

지금 시리아나 예멘, 리비아 등이 오랜 내전에 시달리고 있습니다. 이로 인해 대규모 난민이 발생하고 있지요. 팔레스타인에서는 비인간적인 대학살이 자행되고 있어요. 그래도 수많은 사람이 살아남습니다. 외부로부터 고립된 상태에서도 안 굶어 죽어요. 지금 접경 지역에는 그들이 먹을 식량을 실은 구호 차량이 줄지어 있어요. 이걸 막는다면 그야말로 문명 범죄를 저지르는 겁니다. 시리아나 예멘, 레바논이나 리비아에서 정부는 무너져서 사회 제도가 엉망이 되었어도, 사람들이 최소한의 삶을 유지하는 데는 이러한 이슬람 전통이 한

못합니다. 무슬림들은 자기 재산 3분의 1을 자선 단체에 기부할 수 있습니다. 살면서 관계를 맺었다거나 자기 철학이나 비전에 맞는 복지 단체에 주는 거예요. 그래서 정부는 가난해도 와크프 재단은 여유가 있어요.

이슬람 사람들은 하루 다섯 번 예배를 봅니다. 함께 모여서 친교를 다지는 중요한 행사예요. 예배는 모스크에 가서도 하지만, 가정과 직장, 골목에서도 이루어집니다. 대규모 모스크는 건물 안에 공간이 매우 넓게 형성되어 있습니다. 건축물에 기둥을 잘 안 써요. 모스크는 천장의 둥그런 원이 특징입니다. 돔은 하중을 분산시키는 역할을 합니다. 외곽을 벽으로 받치면 가운데 공간이 열리게 돼요. 왜 그렇게 짓느냐 하면, 기본적으로 신 앞의 평등함이라는 원칙 때문입니다. 이들은 예배를 볼 때 들어온 순서대로 열을 지어요. 앞 열이 비어 있으면 채워야 다음 열이 만들어집니다. 서민이나 임금이나 예외 없이 그렇게 서야 해요. 부담된다고 옆에 안 서고, 그런 거 없습니다. 또 어깨를 맞대고 바짝 붙어야 해요. 공간이 생기면 그 틈으로 악마가 들락거린다고 믿습니다.

예배를 마치면 양옆으로 고개를 돌리며 "앗쌀라무 알라이쿰(신의 평화가 그대에게 임하소서)"이라고 말합니다. 양어깨에 앉아 있는 천사에게 인사를 건네는 것이지요. 동시에 신께 기도를 올렸다는 일종의 상호 인증 같은 겁니다. 그러니까 이슬람식 예배는 신과 인간의 직접적인 소통이라고 할 수 있어요. 기독교의 그리스도 같은 중재자나 매개자가 없어요. 철저하게 신과 인간의 양자 관계입니다. 그래서 이들은 지금도 하루에 다섯 번씩 신께 기도합니다. 일주일에 한 번 교회에 가거나 특별한 날만 찾는 식이 아니에요. 바쁜 일상을 사는 21세기인 지금까지도 전통을 이어오고 있습니다. 횟수를 줄이자는 말이 나올 법도 한데, 지난 수십 년간 전혀 없었어요.

융통성이 발휘될 수는 있어요. 예배는 새벽에 한 번, 정오와 오후 1시 사이에 한 번, 오후 3~4시에 한 번, 일몰 시점에 한 번, 잠들기 전에 한 번 이렇게 총 다섯 번 합니다. 한 번에 10분쯤 걸리니 한 시간 정도를 쓰는 거예요. 평일은 개별적으로 하고 주일인 금요일 낮 예배만 모스크 가서 봅니다. 여행 중이거나 바쁠 때는 두 번 예배를 한 번에 묶어서 하기도 해요.

예배 방식은 많이 보셨을 거예요. 무릎과 이마를 땅을 대고 하는 큰절을 네 번 반복합니다. 이게 허리나 관절 건강에도 좋아요. 매일 네 번씩 체조하는 셈입니다. 그리고 예배 전에 손발을 깨끗이 씻죠. 위생에도 좋습니다. 정신 건강에도 좋고 신체 건강에도 좋고, 하느님께 점수 따는 일을 굳이 바꾸려고 하지 않을 거 같아요. 안 그랬으면 벌써 바꿨겠죠.

유학 시절 체험한 라마단 풍습

이슬람 율법에는 라마단이라는 게 있습니다. 한 달간 해가 떠 있는 동안은 금식이에요. 이걸 전 세계 수십억 인구가 하고 있어요. 가진 자와 갖지 못한 자 모두가 똑같은 조건에서 배고픔과 고통을 공유함으로써 진정한 나눔을 실천하자는 것이지요. 나아가 욕망을 절제하고 신앙심을 기르자는 취지입니다. 또한 이 기간에는 굶주리는 이웃의 고통을 이해하고 어려운 이웃을 돕자는 뜻으로 자선과 기부를 해요. 영성을 공유하면서 자신을 성찰하는 기간이지요. 멋있는 공동체 정신이죠. 그런데 한 달이면 너무 길지 않나요? 스마트폰 터치 한 번으로 세계와 연결되는 초스피드 첨단 시대에 어울리지 않는다는 이야기가 나올 법합니다. 그런데 유럽이나 미국 등 서구 국가에 사는 무슬림 사이에서도 그런 이야기가 나왔다는 걸 들어보지 못했습니다.

이게 쉬운 일이 아니거든요. 저도 이스탄불에 살면서 첫해에는 못 하고 이듬해부터 단식을 했습니다. 지도 교수나 박사 과정 동료들이 그러고 있는데 혼자만 밥 먹고 다니기가 그렇잖아요. 이슬람 문화를 배우겠다는 사람이 그래서는 안 되겠다 싶었습니다. 심지어 웬만한 식당이나 학교 카페도 모두 문 닫으니 안 지키는 것도 불편해요.

여름에는 새벽 4시가 되면 북 치기가 골목골목을 다니면서 큰 소리로 북을 칩니다. 곧 해가 뜰 테니 그전에 식사하라는 얘기죠. 여름철에는 창문을 열어 놓고 지내니까, 웬만한 사람들은 다들 잠에서 깹니다. 그러면 집마다 불이 켜지고 음식을 준비합니다. 그러고 출근하는 거예요. 주변 아파트에 불이 다 들어오는데 그 골목에 우리 집만 불이 꺼져 있습니다. 제가 결혼해서 아내와 함께 갔거든요. 그랬더니 동네 분위기가 안 좋아요. 저 집만 불이 꺼진 걸 보니 천벌을 받을지도 모르겠다. 이러다가 동네 전체가 신의 은총을 못 받는 거 아니냐며 손가락질해요. 그래서 한번은 불을 켜 두고 잠을 잔 적도 있습니다. 그러다 결국엔 동참했죠. 그랬더니 학교 지도 교수랑 동료들이 너무 좋아해요. 단식 끝나고 하는 축제에도 끼워 줍니다. 그런데 막상 해 보니까 정말 힘들어요. 온종일 쫄쫄 굶으니까요. 입에서 단내도 나고 구취도 심합니다. 물로 입도 안 헹궈요. 그러다 실수해서 물 마실까 봐. 어쨌든 덕분에 빨리 압축적으로 이슬람 문화를 체험할 수 있었어요.

라마단 기간에 이스탄불에서는 해가 지고 나면 블루 모스크나 대광장에 초대형 식당 텐트가 설치됩니다. 예를 들어 어떤 부유한 사람이 오늘 100명분 음식을 준비해서 대접했다면, 다음번에는 다른 사람이, 또 그다음 사람이 이런 식으로 돌아가면서 한 달 내내 합니다. 그런데 여기서 중요한 건 돈으로 해결하는 나눔이 아니라는 거예요. 주관하는 사람이 직접 장을 보고, 요리에 참여합니다. 직접 음식을 내오고 설거지 등 뒷정리까지 해요. 물론 요리사를 고용할 수도 있겠지만 어쨌든 자기는 쏙 빠져서 지시만 하지는 않는다는 겁니다.

라마단은 단체 다이어트 기간이기도 합니다. 이스탄불은 날씨가 더운 지역이고 육식 문화권이라 자칫 기름진 고기 위주의 식사로 비만이 되기 쉬워요. 그렇다고 혼자 외롭게 다이어트하기란 쉽지 않아요. 그런데 라마단 때는 이걸 반강제로 할 수 있습니다. 모두가 참여하잖아요. 식당도, 카페도 문을 닫습니다. 시내 웬만한 노점도 철수해요. 다만 관광객을 상대로 하는 호텔 정도만 영업하는데, 너무 비싸서 현지인은 거기서 한 끼 식사에 보름치 생활비가 날아갑니다. 그래서 단식이 끝나면 마지막 날 큰 축제를 엽니다. 이때 서로 귓속말로 덕담을 나누죠.

첫 번째 인사는 "신의 축복이 가득하기를" 같은 의례적 표현이고 이어서 "몇 킬로그램이나 뺐어?"라고 묻습니다. 이게 두 번째 인사예요. 신의 가호도 받고 자기 건강에도 도움이 되니, 아무도 라마단 없애자는 얘기를 안 하는 겁니다. 이런 부분들은 종교적인 시각으로 보면 잘 안 보여요. 일상에 녹아 있는 삶의 일부로 보아야 이해가 갑니다. 그러니까 한 사회를 제대로 알려면, 책상 앞에 앉아서 하는 의례적인 공부보다는 직접 골목길로 들어가 체험하는 것이 좋겠지요.

이스탄불 골목에서 만나는 주택의 특징은 아래층은 제법 넓은데 2층으로 갈수록 공간이 좁아진다는 점입니다. 남녀가 내외하는 문화가 강하기 때문에 1층은 창을 잘 안 내고요. 2층은 발코니를 내서 이웃집과의 거리를 좁힙니다. 여기는 이웃과 소통하는 공간이에요. 창문을 열고 서로 대화하고, 빨랫줄을 이어서 빨래를 같이 널고, 팔을 뻗어서 음식 바구니를 주고받습니다. 그래서 2층 발코니를 가장 아름답게 꾸며요. 정원으로 꾸미고, 화분도 심습니다.

이슬람에 관한 오래된 편견

우리가 이슬람에 대한 광범위한 오해 중 하나가 '이슬람은 여성을 억압한다'는 믿음입니다. 하지만 이스탄불의 골목만 들여다봐도 사실이 아니라는 걸 금방 알 수 있어요. 관광객

외에도 자유로운 복장을 한 이슬람 여성을 자주 만납니다. 우리는 보통 이슬람 여성 하면 얼굴과 몸을 새까만 옷으로 가린 모습을 떠올립니다. 하지만 오늘날 57개 이슬람 국가 중에서 율법으로 여성의 복장을 강요하는 나라는 사우디아라비아, 이란, 아프가니스탄 단 세 나라뿐이에요. 이들 국가를 제외한 나라는 20~30년 전에 이미 자율화됐습니다. 히잡을 하고 싶은 사람은 하고, 싫은 사람은 안 해도 됩니다. 적어도 히잡 때문에 율법적 제재나 사회적 불이익도 당하지 않습니다. 다만, 일부 종교적 장소나 보수적인 지역의 경우 압박을 받을 수는 있겠지요. 그런데도 우리는 아직도 중동, 이슬람 하면 히잡을 쓴 여성을 떠올려요. 일부 사례를 보편화하는 오류를 범해서는 안 됩니다.

사우디아라비아는 빈살만 왕세자를 중심으로 사회 개혁이 지속적으로 이루어지고 있습니다. 히잡 자율화 논의가 시작되었다고 하니, 곧 히잡 착용 문제가 해결될 것 같습니다. 사우디아라비아가 히잡을 자율화하면 경쟁 관계에 있는 이란이 바로 영향을 받겠지요. 또 이슬람의 종주국인 사우디가 히잡을 풀었는데, 아프가니스탄 탈레반 정권이 이런 흐름을 외면하기는 어려울 거예요. 이렇게 되면 결국 히잡도 몇 년 내에 역사적 유물로 사라질 가능성이 큽니다. 이스탄불 골목에서도 히잡을 쓴 여성을 간혹 만납니다만, 이분들은 패션으로 입는 거예요. 이슬람 여성을 주 고객으로 한 에르메스, 피에르가르뎅, 샤넬 같은 명품 브랜드에서 히잡을 만듭니다. 보수적인 지역에서는 여전히 여성의 억압 기제로 남아 있지만 큰 흐름이 바뀐 것만큼은 분명합니다.

또 하나 우리가 잘못 알고 있는 것 중 하나가 여성 할례입니다. 굉장히 반인권적이고 여성 차별적인 풍습으로 알려졌는데요. 이슬람에서 할례는 남자아이를 대상으로 한 풍습입니다. 이스탄불 골목에서도 이를 확인할 수 있어요. 거의 매일 '순네트Sunnet'라는 할례 행사가 열립니다. 결혼식 다음으로 큰 행사로 4~5세, 초등학교 입학 전 남자아이들이 합니다. 종교적으로 권유되기는 하지만 의무는 아니에요. 다만, 여성 할례는 이슬람 율법에서 금지합니다. 그러니까 여성 할례는 오히려 반이슬람적이에요. 현재 여성 할례는 수단이나 나이지리아 같은 아프리카 국가 그리고 이집트 같은 일부다처제 지역에서 행해지는 풍습이에요.

문화인류학 관점에서 보면 일부다처 사회에서는 남성들의 성적 기능은 강화하고 여성들의 성적 기능은 감퇴시키는 사회적 억압 기제가 작동합니다. 이들 사회가 이슬람은 받아들였음에도 가부장적 남성 중심의 사회에서 이슬람 율법이 금지한 여성 할례는 계속해요. 그래서 사람들이 여성 할례를 이슬람의 종교적 계율로 오해하는 겁니다. 이런 부분들을 우리가 구분해서 이해할 필요가 있어요.

다시 이스탄불 골목으로 돌아가 볼까요? 할례 의식이 결혼식 다음으로 비용이 많이 듭니다. 그러니 가난한 집 아이들은 할례를 할 수 없어요. 그래서 부잣집 할례식 때 동네 또래 아이들의 할례식을 같이 해 줍니다. 주관하는 집 재정 형편에 따라 대여섯에서, 많게는 100명이 결혼식장 같은 데서 성대하게 치러요. 이때 아이들은 망토를 입은 왕자처럼 특별한 복장을 하는데요. 식이 끝나고도 한 달은 그렇게 입고 골목을 돌아다닙니다. 그러면 가게 아저씨가 알아보고는 초콜릿을 하나 건네죠. "너도 우리 사회의 성인이 되었구나. 앞으로 세상을 이끌어 갈 좋은 지도자가 되거라" 하며 덕담을 건넵니다. 빵 가게 앞을 지나가면 주인이 나와 맛있는 쿠키를 선물로 줘요. 할례를 한 소년들을 보면 동네 사람들이 한두 마디 덕담과 격려를 하고 작은 선물을 하나씩 줍니다. 이런 식으로 공동체가 소년을 주인공으로 대접하면서 사회적 소속감과 책임 의식을 키워 줍니다.

삶과 죽음이 공존하는 도시

골목에서는 순례를 다녀온 이후엔 더욱 떠들썩합니다. 평생에 한 번, 죽기 전에 하느님이 계시는 메카로 순례를 다녀온 사람들을 맞이하는 열정과 환영의 열기가 골목 안에 가득합니다. 미처 여건이 되지 않고 준비가 모자라 순례를 다녀오지 못한 사람들은 양과 염소를 잡는 희생제를 치르고 신에게 다가갈 준비를 하곤 하지요. 그들은 죽기 전에 신 앞에 "곧 당신 곁으로 가겠습니다"라고 고해야 천국에 갈 수 있다고 믿습니다. 나이가 들수록, 죽음에 가까워질수록 메카에 가고자 하는 열망이 크죠. 교통수단이 말이나 낙타밖에 없던 시절에는 어땠겠어요? 그마저도 없는 사람은 걸어서 언제 도착할지도 모를 먼 길을 떠났을 겁니다. 성지 순례를 다녀온 사람들에게는 하지Haji라는 칭호가 따라붙습니다. 명예죠. 이 사람은 이제 그 사회에서 존경받는 큰 어른이 됩니다. 문패에다가도 써 놓기도 합니다. 중앙아시아나 인도네시아, 말레이시아 등지에서 하지는 공동체의 원로나 사회적 어른으로 대접받게 됩니다.

순례는 고대부터 진행되던 의식이 전 세계적인 행사가 되었고, 지금도 연간 200~300만 명이 이슬람력으로 12월 초에 메카를 찾습니다. 사람이 많이 모이다 보니 자연스럽게 시장이 생기죠. 고향 물건을 가져와 다른 귀한 물건과 바꾸거나 여비를 챙깁니다. 전 세계의 다양한 물건들이 한자리에 모이는 일종의 상품 박람회가 열리는 셈이지요. 산유국이 되기 전 사우디아라비아 국민 총생산GDP의 90%가 성지 순례로 벌어들이는 관광 수입이었습니다. 오늘날 사우디아라비아가 석유 고갈 시대에 대비해 개혁을 펼치면서 관광 대국으로 거듭나겠다는 비전을 세웁니다. 모르는 사람들은 '사막의 나라에서 웬 관광?' 할지도 모르겠습니다만, 원래 관광 대국이었습니다. 순례는 단순히 종교적 의미를 넘어 비즈니스와 커뮤니케이션이 혁명적으로 이루어지는 현장이었습니다. 관광 대국 정책은 원래의 정신으로 되돌아가겠다는 의미입니다. 모든 무슬림은 순례를 다녀온 이후에는 비교적 편안한 죽음을 맞이합니다. 최소한 종교적으로는 여한이 덜한 인생이 되는 거지요.

이스탄불 골목에는 삶과 죽음이 공존합니다. 마을 한가운데에 무덤이 있고, 거기서 아이들이 뛰어놀아요. 삶의 공간에서 멀리 떨어져 있지 않고 가까이에 있어요. 장례식 장면을 한번 볼까요. 동네에서 노인 한 분이 눈을 감습니다. 그러면 시신을 염습하고 관에 모시죠. 모스크 지도자 이맘Imām이와서 장례를 진행합니다. 고인의 시신은 가족과 함께 집을 떠나서 장지로 이동합니다. 남은 마을 사람들 수백 명이 고인의 집 앞에 모여들면 이맘이 큰소리로 세 가지를 묻습니다.

"여러분, 고인을 좋은 분으로 기억하십니까?"

그러면 사람들이 모두 "네"라고 대답합니다. 두 번째 질문이 이어집니다.

"그렇다면 고인이 천국에 들기를 바랍니까?" 이번에도 "네"라고 답합니다. 마지막 세 번째 질문이 굉장히 중요해요.

"고인이 천국에 가기를 원하므로 그에게 받아야 할 빚이 있거나 갚아야 할 돈이 있다면 모두 청산하시겠습니까?"

이슬람 율법에 따르면 죽기 전에 모든 빚을 갚아야 합니다. 사람들은 또다시 "네"라고 대답하죠. 이건 매우 중요한 의식입니다. 만약 죽은 사람의 빚이 가족들에게 이어지면 가난이 대물림될 수 있잖아요. 튀르키예 민법도 우리처럼 빚이 상속됩니다. 하지만 이슬람 전통에 따라 이를 막아 주는 거예요. 만약 이를 어기고 부모가 빚을 졌으니 대신 갚으라고 협박하는 사람이 있다면 법적으로는 제재받지 않지만, 사회적으로 매장당할 수 있습니다. 그래서 장례식은 가족들의 짐을 가볍게 해 주는 절차이기도 해요. 지금도 이스탄불 골목에서는 그런 의식이 치러집니다.

튀르키예에는 없는 터키석과 터키탕

다음으로 알려진 오해 중 하나가 튀르키예 사람들이 사용한다는 '터키탕'입니다. 우리나라 곳곳에 튀르키예식 목욕탕이라고 잘못 알려진 업소들이 한때 유행했어요. 그런데 정작 튀르키예에는 터키탕이 없습니다. 그들은 아무리 친한 사람이라도, 설령 부자지간이라도 서로의 치부를 드러내지 않습니다. 그런 행위는 정말 교양 없는 행동으로 여겨요. 그래서 공중목욕탕에 들어갈 때도 얇은 천으로 몸을 가려요. 대리석 벽과 바닥으로 만든 습식 목욕탕에서 땀을 빼고 밀폐된 공간에서 샤워하는 게 튀르키예식 목욕탕의 특징이에요. 남녀 구분이 엄격히 되어 있고요. 그들에게 공중목욕탕은 몸을 깨끗이 하고 대화를 나누는 사교의 공간이기도 합니다.

그런데 우리나라에서는 마치 유흥업소의 의미로 잘못 쓰였어요. 이 부분은 한때 외교적으로 문제가 되기도 했습니다. 1997년 주한 튀르키예 대사관에서 '터키탕' 표현이 자국 이미지에 부정적인 영향을 준다며 문제를 제기했습니다. 그런데 당시 우리 외교부는 민간 영역에 개입하지 않는다면서 이름을 바꾸라고 명령할 수 없다는 식으로 소극적으로 답변했나 봐요. 튀르키예 정부가 강하게 항의를 했답니다. 한국이

음란 퇴폐의 장소로 인식되는 '터키탕'의 잘못된 표기를 고치지 않는다면 이스탄불에 있는 윤락가를 코리아타운으로 이름 붙이겠다고요. 부랴부랴 한국의 총리가 튀르키예를 찾아가는 외교적 에피소드도 있었대요. 그 후로 우리나라에서 터키탕 간판이 사라졌어요.

튀르키예에 없는 것이 또 하나 있습니다. 바로 '터키석'이에요. 신비로운 푸른빛을 내는 보석입니다. 그런데 이는 튀르키예산이 아니에요. 튀르키예에는 터키석이 없습니다. 유럽 사람들이 중계 무역을 통해 튀르키예에서 온 보석을 '터키석'이라고 표현하면서 그런 오해가 생긴 겁니다. 사실 터키석의 주요 산지는 지금의 이란, 즉 옛날 페르시아 지역입니다. 이스탄불이 오랫동안 동서 교류의 중심지였으니 그럴 만도 합니다.

이런 지정학적 위치랄까, 오랜 상업 도시의 전통은 이스탄불 골목의 풍경도 바꾸어 놓았어요. 골목에서 만나는 가게마다 저울이 있는데요. 여기서는 무게를 아주 정확하게 맞춰서 물건을 팝니다. 우리나라처럼 대충 감자 몇 알, 토마토 몇 개 봉지에 담아서 주지 않습니다. 한두 개 덤으로 더 달라고 하면 못 이기는 척 끼워 주는 일도 절대 없고요. 노점에서 과일 1kg을 사도 저울 눈금에 맞춰 계속 올렸다 뺐다 합니다. 제가 유학 시절 자주 다니던 정육점에서도 그랬어요.

가난한 유학생 처지다 보니 고기 먹을 일이 별로 없죠. 그런데 이 사람들이 뼈는 안 먹습니다. 그래서 소뼈나 소꼬리를 공짜로 얻으려고 찾아갑니다. 마음씨 좋은 정육점 주인이 그냥 줘요. 그러면 다음번에는 미안하니까 고기를 조금 삽니다. 친구 생일날 같은 특별한 날에는 한 1kg 살코기를 사요. 그러면 평소 그렇게나 다정하고 친절하던 주인이 1g까지 저울에 맞춰서 건네요. 비곗덩어리 하나 그냥 안 줍니다. 거래만큼은 철저한 거죠.

세계 최초의 카페가 이스탄불 골목길에

이스탄불 골목은 언덕 위의 광장에서 만납니다. 그 중심에는 유럽처럼 교회, 즉 모스크가 있어요. 그들에게 모스크는 삶의 중심입니다. 이스탄불만 해도 일곱 개의 언덕이 있고, 그 위에 모스크가 지어져 있는데, 그중 규모가 가장 큰 것이 쉴레이마니예 모스크입니다. 주변으로 이스탄불 대학, 병원, 도서관, 목욕탕, 방문객이 묵을 숙소 등이 주변에 퍼져 있어요. 일종의 복합 공간 개념입니다. 보통 모스크는 사람들이 모이는 공간이기 때문에 주위에 '바자르bazar'라고 부르는 시장이 형성됩니다. 쉴레이마니예 모스크 옆에는 그랜드바자르가 있습니다. 거대한 돔으로 위를 덮은 대형 시장이에요. 상점만 4000개가 넘고 출입문만 20개에 이른다고 하니 엄청난 규모죠. 그랜드바자르는 이스탄불 대학과 밀접한 관계에 있습니다.

그랜드바자르의 수익금 일부는 종교 재단인 와크프로 가고 이를 대학 운영비로 쓰는 구조라고 합니다. 물론 지금은 별개의 독립적인 기관들이 되었겠지요. 또 하나 유명한 것이 쉴레이마니예 고문서도서관이죠. 1557년 설립된 이 도서관은 오스만 제국 시대의 다양한 학문적 사료들은 물론 연구 가치가 높은 고전 문헌들을 소장하고 있습니다. 놀랍게도 이곳은 신라와 고려를 기록한 20여 권의 아랍어 필사본을 소장하고 있어 한국 연구자들에게도 의미가 큰 학문의 전당이라고 할 수 있어요.

유럽에서도 가장 유서 깊은 대학 중 하나인 이스탄불 대학은 담벼락을 끼고 그랜드바자르라는 시장이 둘러싸고 있습니다. 1453년에 오스만 제국이 동로마 제국의 수도였던 콘스탄티노플을 함락한 후 세운 학교입니다. 그런데 수업이 끝나고 교문을 나서는 순간 주위가 온통 도떼기시장입니다. 온갖 물건을 아무렇게나 펼쳐 놓고 파는 사람, 사는 사람들로 북새

통이에요. 오랜 전통이었지요. 대학 캠퍼스에 해당되는데도 말이죠. 진정한 지성이란 한 발은 상아탑 속에, 다른 한 발은 삶의 진흙탕 속에 단단히 딛고 서 있어야 한다는 이슬람 교육 철학의 영향이라는 동료 역사학과 교수의 설명을 듣고 크게 감동받은 적이 있었습니다. 그만큼 튀르키예 사람들은 학문을 현실과 동떨어진 것으로, 대학을 현실과 유리된 공간으로 보지 않는다는 뜻이겠죠. 모스크와 대학과 도서관과 병원과 시장이 모인 복합 공간은 이스탄불만의 독특한 풍경입니다.

이제 이 골목에서 터키식 커피 한잔으로 골목 여행을 마무리해야겠네요. 세계 최초의 카페는 이스탄불 구시가 골목에 1554년에 문을 연 '차이하네Cayhane'로 알려져 있습니다. 유럽 최초의 카페로 알려진 런던의 '파스콰 로제Pasqua Rosée'가 1662년에 오픈했으니까, 그보다 약 100년 전의 일이었네요. 커피Coffee라는 단어가 아랍어이고 인류가 최초로 커피를 기호 음료로 일상화한 곳도 모카를 중심으로 한 아랍(예멘)이었습니다. 이스탄불 궁정에 특산품으로 공급된 예멘의 모카커피가 터키식 커피로 유행하면서 유럽 외교관들이나 상인들에 의해 카페 문화가 유럽에 소개되었지요. 그렇게 본다면 이스탄불 골목이야말로 카페의 시작점이고 성지인 셈입니다.

이스탄불에서는 저마다의 삶과 애환이 골목골목으로 모여

서 광장의 종교가 되고 지식이 됩니다. 상업으로 쌓은 부가 이를 뒷받침하고요. 이를 지켜보면서 저는 삶의 현장인 골목에 대한 이해 없이는 어떤 종교나 학문, 시장도 존재할 수 없다는 생각이 들었어요. 이상으로 이슬람의 전통과 문화가 빛나는 도시, 이스탄불의 골목 여행을 마치겠습니다.

거리의 외국인과
골목의 한국인

4

김희교

글로벌에서 배우는

김희교

연세대학교 사학과를 졸업하고 중국 푸단대학교에서 중미 관계사로 박사 학위를
받았다. 광운대학교 교수로 재직하고 있으며, 인권연대 운영위원, 한중의원연맹
자문의원으로 활동하고 있다. 중미 관계가 동아시아에 미치는 영향과 아시아 민
중의 성장이 국제 관계에 미치는 연구를 주로 해 왔다. 지금은 동아시아 평화 체제
구축에 관심이 많다. 쓴 책으로 중국 혐오의 기원을 분석한 『짱깨주의의 탄생』과
『안녕? 중국!』, 『왜 우리는 차별과 혐오에 지배당하는가?』(공저)를 포함해 여러 권
이 있다.

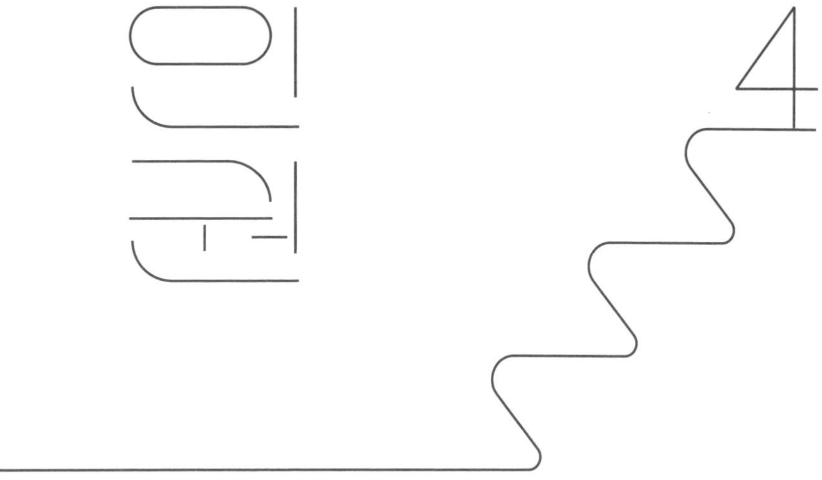

저는 중국 역사를 전공했습니다. 중국도 우리나라처럼 식민 통치를 받았지만, 독립도 하고 통일도 이뤘습니다. 그 부분에 관심이 많았어요. 그러다가 우리 사회를 제대로 보려면 중국과 미국의 관계를 알아야 한다는 생각에 지금껏 중미 관계를 연구해 오고 있습니다.

역사학자로서 최근 비상계엄 사태를 지켜보면서 많은 생각이 들었습니다. 오늘날 대한민국은 크나큰 발전을 이루었습니다. 한국의 문화가 세계 대중문화계에서 빛을 발하고 있습니다. 수많은 외국인이 한국을 찾아요. 자랑스러운 일입니다. 그래서 더욱 궁금했어요. 한때 모범적인 민주주의 국가로 칭송받던 우리나라에서 왜 이런 전근대적인 사태가 벌어진 걸까요? 앞으로 구체적으로 이야기를 나눠 보겠습니다만, 잠시 간추리자면 큰 틀에서 보았을 때 우리가 아직 근대 국민 국가를 완성하지 못했다는 점을 들 수 있겠습니다.

근대 국가의 세 가지 조건

우리나라 국가 시스템은 여전히 불완전합니다. 그 이유는 다음 세 가지예요. 첫째는 불완전한 영토 확립입니다. 우리나라는 여전히 전쟁 중입니다. 일제 강점에서 시작된 비극입니다. 우리는 지금 남북으로 대치되어 살고 있습니다. 이는 단순히 국토 분할의 문제가 아닙니다. 저는 굳이 통일이 필요 없다면 안 해도 된다고 봅니다. 서로 체제가 다르더라도 각자 잘 살면 문제 될 게 없습니다. 그런데 우리는 그러지 못했어요. 전쟁을 치렀습니다. 이후로 남한에는 강력한 반공 독재 정권이 들어섰죠. 이러한 역사는 근대 국민 국가로 발돋움하는 데 커다란 걸림돌이 되었어요. 근대 국가의 기본 전제인 영토가 완전히 확립되지 않고 불완전한 상태로 남아 늘 국가를 불안하게 만들고 있습니다.

두 번째는 불완전한 주권입니다. 근대 국민 국가는 주권을 기반으로 합니다. 어느 나라도 국경선 너머 다른 나라의 주권을 침해해서는 안 된다는 게 근대 국민 국가의 기본 원칙입니다. 그런데 우리는 지금도 완전히 주권을 행사하지 못해요. 여전히 외국 군대가 주둔해 있어요. 온전한 주권 국가라면 있을 수 없는 일이죠. 내란 시기 한덕수 대통령 권한 대행은 한 외국 언론과 인터뷰에서 미국의 은혜를 입었으니 통상 협상에서 미국과 싸우지 않겠다고 말했습니다. 통상 협상은 주권의 문제입니다. 근대 국가와 국가 간에는 은혜라는 표현은 쓰지 않습니다. 사대주의이거나 식민주의적 사고이기 때문입니다. 통상 협상은 정치의 문제이자 주권의 문제입니다.

세 번째는 불완전한 민주주의입니다. 한때 한국은 지구상에서 가장 빨리 가장 완전한 민주주의 국가를 이룬 나라로 평가받았습니다. 우리 스스로도 "눈 떠 보니 선진국이다"라고 할 정도였어요. 그런데 이번 사태로 알게 되었죠. 사실은 "눈 떠 보니 후진국"이었던 거예요. 우리가 누렸던 일상의 민주주의가 굉장히 허약한 토대 위에 있었던 겁니다. 극소수의 권력자가 흔들면 바로 무너지는 취약한 시스템이었다는 걸 알게 되었어요. 한국의 민주주의는 여전히 불완전합니다.

대한민국 민주주의는 시민이 권력을 통제하는 과정을 통

해 성장해 왔어요. 4·19 때 경찰이 시민에게 총을 겨누며 난동을 부렸어요. 국민들이 저항하여 경찰 권력을 국민 권력의 통제하에 두었습니다. 1980년에는 군인들이 반란을 일으키고 정권을 잡았습니다. 국민들은 피 흘리며 싸워 군인들을 제자리로 돌려보냈습니다. 이러한 빛나는 역사는 이번 내란 사태에서도 힘을 발휘했어요. 투입된 군인들과 경찰들이 과거처럼 일사불란하게 정권의 명령에 따르지 않았습니다. 시민의 외침을 외면하지 않았어요. 경찰과 군인의 이런 모습은 과거 역사적 희생의 결과였습니다. 계엄이 실패할 수밖에 없는 한 요인이었죠.

오늘날 민주주의를 위협하는 또 다른 권력은 검찰입니다. 검찰총장 출신의 윤석열 대통령이 탄생한 데는 이들의 역할이 매우 컸어요. 당선된 후에도 대통령은 재임 기간 내내 검찰이라는 권력 체계를 동원해서 민주주의를 거꾸로 돌리려고 했습니다. 과거 이승만이 경찰을 이용하고 전두환이 군인을 이용했던 것처럼 말입니다. 이번 계엄 사태를 기점으로 검찰 권력을 시민이 통제해야 한다는 목소리가 더욱 높아질 것입니다. 저는 곧 실현될 것으로 봅니다. 우리 역사가 이를 증명합니다. 이번에 고위공직자범죄수사처도 권력자들 눈치를 보다 결국은 시민의 말을 들었잖아요. 상명하복 조직인 경호

처도 결국은 시민의 요구에 굴복했습니다. 하나하나 관문을 넘어서고 있다고 보입니다. 그 힘이 어디서 나왔을까요? 결국은 시민의 힘이에요.

우리가 국민 혹은 시민이라고 부르는 불특정 다수는 서로 이질적인 측면이 있습니다. 시민이라고 해서 다 같지는 않다는 뜻이에요. 그 안에는 '태극기 부대'로 불리는 극우 집단도 있습니다. 태극기는 물론 성조기와 이스라엘 깃발, 심지어 일장기마저 흔드는 사람들을 과연 한국의 시민이라고 부를 수 있을지 의문입니다만, 어쨌든 투표권을 가진 우리 국민인 건 틀림없어요. 이번 싸움의 승리는 그보다 10배, 100배는 많은 건강한 시민 정신을 가진 시민의 몫이었습니다.

세계인이 놀란 한국의 골목 문화

최근 중국에서 손님들이 왔어요. 제가 공항에서 손님맞이를 했습니다. 예정보다 비행기 도착이 늦어서 밤 11시쯤 서울 시내로 들어왔습니다. 저녁 식사를 해야 하는데 마땅한 데가 없어서 홍대 앞으로 갔어요. 도착하니 새벽 1시쯤 되더군요. 그런데 놀랍게도 거리에는 수많은 외국인으로 북적였습니다. 동행했던 중국 손님들도 깜짝 놀랐어요. 단지 사람이 많아서가 아니에요. 우리가 세계 여행을 다녀 보면 알게 되는 것이 있습니다. 일단 밤에 사람이 돌아다닐 수 있는 나라가 몇 안 돼요. 안전 때문입니다. 미국만 해도 우리처럼 도심에서 늦게까지 즐길 수가 없어요. 어디서 갑자기 총을 든 강도가 튀어나올지 모릅니다.

제가 최근에 캘리포니아 샌디에이고에서 1년간 머문 적이 있습니다. 10년 전만 해도 미국인들이 살고 싶어 하는 도시 중 다섯 손가락 안에 꼽히는 지역이었어요. 그런데 그때 보니 과거와는 완전히 다른 모습이에요. 더는 안전하고 아름다운 도시가 아니었습니다. 도심 한복판에 노숙자 텐트가 즐비합니다. 일부는 길거리에 그냥 쓰러져 자거나 술 취한 사람처럼 돌아다녀요. 사건 사고도 많은지 경찰도 마약 정도는 단속도 안 해요. 총기 통제만 하는 것도 힘들어 보였습니다. 근처 로스엔젤레스 지역에서는 해가 지면 곳곳에서 자주 총소리가 들려요. 사람들이 스트레스 쌓이면 그냥 허공에 대고 총을 쏘는 거예요. 멀쩡한 담벼락에 쏘고, 지나가는 차에도 쏩니다.

유럽은 어떨까요? 총기 문제는 덜하겠지만 치안은 우리나라와 비교할 수 없을 정도로 열악합니다. 여행객을 대상으로 한 소매치기가 극성이에요. 짐 챙기느라 늘 긴장하고 다녀야 해요. 유럽 주요 나라 상당수가 그래요. 외려 그렇지 않은 나라가 드물 정도입니다. 이에 비해 한국의 서울은 24시간 안전하게 열려 있는 도시예요. 이런 도시가 세계에서 아시아 몇몇 도시 말고는 없습니다. 중국도 치안이 나쁘지 않은 나라거든요? 그런데도 중국 손님들이 깜짝 놀라요. "이렇게 많은 사람이 이 시간에? 그것도 외국인이?"라고 할 정도입니다.

외국인들이 한국을 동경하는 이유 중 가장 중요한 게 문화적 영향력입니다. 그들에게 한국은 K-팝, K-드라마의 나라입니다. 제가 학생 시절에는 홍콩이 그런 나라였어요. 극장에서 보던 영화가 대부분 홍콩 영화였습니다. 다들 홍콩 한 번 가 보는 게 소원일 정도로 유행이었죠. 오늘날 한국 대중문화의 영향력은 그때의 홍콩과는 비교도 안 될 정도로 크죠. 넷플릭스 같은 글로벌 콘텐츠 서비스 플랫폼에 한국 드라마가 올라오면 곧바로 10위권 안에 듭니다. 1, 2위 할 때도 많고요. 한국 드라마가 뜬다는 건 드라마에 나오는 장소, 음식, 화장품 등이 전 세계인에 노출된다는 이야기입니다. K-팝도 마찬가지죠. 유명 가수들의 인스타로 다양한 문화 상품이 노출됩니다. 그러면서 영화와 음악을 넘어서서 한국 문화 자체에 관한 관심이 크게 늘었어요. 우리나라 문화 산업이 이처럼 위용을 떨치던 때가 일찍이 없었습니다. 지금은 말 그대로 문화 제국이에요. 그 덕분에 한국에 대한 이미지가 무척 좋아졌어요.

제가 계엄이 해제되던 무렵에 국제 포럼 참석차 중국을 방문했는데요. 만나는 사람마다 물어봐요. "너희 나라 왜 그러냐, 무슨 일이냐?" 합니다. 그러다가 꼭 말끝에 칭찬 아닌 칭찬을 해요. 친위 쿠데타를 어떻게 6시간 만에 잠재웠느냐는 거예요. 이런 말을 들으면 마음이 복잡해집니다. 누구나 인정할 만큼 앞서가는 나라에서 전근대적인 사건이 벌어지고 또 금세 봉합된 것처럼 보입니다. 외국인의 눈에는 이 모든 게 신기할 따름이겠죠.

한국은 멋진 나라입니다. 그 짧은 기간에 이처럼 고도 성장한 나라는 세계적으로 유례가 없어요. 정작 우리는 여기 사니까 잘 모를 수 있습니다. 하지만 나라 전체에 초고속 인터넷망이 깔리고 와이파이가 터지는 나라가 몇 군데 안 돼요. 우리가 선진국 하면 떠올리는 나라가 미국이잖아요. 거기도 그렇지 않아요. 제가 한번은 차를 운전하고 가다가 길을 잃어버려서 라스베이거스 근처 데스밸리로 들어간 적이 있는데, 엄청나게 고생했습니다. 인터넷이 안 되니까 내비게이션도 꺼져요. 심지어 휴대폰도 안 터집니다. 지나가는 차도 없고 사람도 안 보여요. 거기가 사막 지대잖아요. 이러다 죽겠구나 싶더라고요. 무작정 직진하자 마음먹고 달리는데 다행히

1~2시간쯤 가다 행인을 만나서 목적지인 캘리포니아로 가는 길을 안내받았습니다. 우리나라처럼 공공 와이파이, 무료 와이파이가 되는 곳이 없습니다. 전국 어디나 길 찾기 앱으로 쉽게 찾아다닐 수 있는 곳은 드물어요. 외국인들이 보기에 한국은 첨단 국가입니다. 단 하나, 취약한 민주주의 시스템만 빼면요.

시험받는 한국의 민주주의

비상계엄 사태 이후 우리 민주주의는 시험받고 있습니다. 그나마 빠른 대응으로 내란을 진압하는 상황이긴 한데요. 이 과정에서 수많은 시민의 용기 있는 행동이 큰 역할을 했습니다. 계엄 당일 밤 국회로 몰려간 시민들을 비롯해서 광장에 모여 민주주의를 외친 분들이 아니었으면 불가능했을 일입니다. 사람들은 이를 두고 예전 촛불 혁명처럼 '응원봉 혁명' 혹은 '빛의 혁명'으로 부릅니다. 세계 역사를 두루 살펴봐도 이처럼 피를 흘리지 않고 권력자를 끌어내린 역사가 없어요. 세계사에 거의 전무후무한 일입니다. 혁명이라 불러도 손색이 없는 위대한 길을 우리가 지금 가는 중이에요.

그러나 민주주의가 제대로 정착이 안 되고 있다 보니 한쪽에서는 내란을 옹호하는 세력들이 준동합니다. 북한을 끌어들이려다 실패했는지 요즘은 가짜 뉴스로 중국 혐오 정서를 퍼뜨립니다. 야당이 중국 공산당 지령을 받았다는 둥, 중국 간첩이 탄핵 찬성 시위를 주도한다는 둥 말도 안 되는 선전 선동을 합니다. 제가 아는 어떤 기자가 취재하러 시위 장소에 갔더니, 조선족이냐고 묻더니 나가라고 하더래요. 농담 같지만 실화입니다. 극우 세력들이 중국을 끌어들이는 이유는 그들이 오랫동안 써먹은 반공주의 때문입니다. 사회주의 국가에 대한 반감을 이용하려는 겁니다. 중국이 한국 선거에 개입해서 결과를 뒤집을 만한 능력이 있다면 대만 선거를 그냥 뒀을 리가 없잖아요. 2024년 1월에 대만 총통 선거가 있었습니다. 친미·반중 성향의 라이칭더가 당선됐죠. 아마 중국이 가장 싫어하는 인물일 거예요.

한국에 있는 화교들을 동원했다는 주장도 합니다. 지난 지방 선거에서 투표권이 있는 외국인 인구가 0.29%였습니다. 이들 투표율이 대략 13.3%쯤 돼요. 기본적으로 한국에 사는 외국인들이 우리나라 정치에 관심이 없다는 뜻이에요. 그런 미미한 숫자가 무슨 영향력을 발휘할 수 있겠어요. 현재 우리나라에 들어와서 주로 저임금 노동자로 일하는 조선족이 늘고 있다고는 해도 그중에서 투표할 수 있는 사람이 워낙 적어요. 이들이 100% 특정 정당을 찍는다고 해도 선거 결과에 아무런 영향도 주지 못합니다. 게다가 이주자들이 진보적인 정당을 생각보다 선호하지도 않아요. 우리 착각일 뿐입니다. 이주자들은 그 국가의 주류 이데올로기를 가지는 경우가 무척 많습니다. 미국은 물론 유럽도 그렇죠. 제가 미국에 사는 중국인들을 간혹 만나는데요. 100명 중의 95명이 공화당 지지자예요. 한국에 사는 조선족만 예외일까요? 저는 그렇지 않다고 봅니다.

우리는 중국을 모릅니다. 무관심하기도 하지만 관련 뉴스도 전부 현실과 동떨어진 것들뿐이에요. 중국 외교는 내정 불간섭이 원칙입니다. '일대일로一帶一路'라고 들어보셨을 겁니다. 전 세계 다양한 나라들과 협력을 맺어 무역로를 구축하려는 초대형 국가 프로젝트입니다. 유럽, 아시아, 아프리카 등약 150개국이 참여하고 있는데요. 특히 아프리카 국가들을 계속 설득해서 50개 나라가 넘습니다. 그때 가장 주요했던 게 불간섭 원칙이었거든요. 보통은 강대국이 지원하면서 "감 놓아라, 배 놓아라" 하잖아요. 그러지 않겠다는 겁니다. 어떤 상황에서도 내정에 개입하지 않겠다는 약속이 주효했던 거예요. 그런데 그런 나라가 한국의 선거에 개입했다고요? 그럼에도 도대체 말이 안 되는 이야기가 계속되고 있는 이유는 뭘까요? 언제부터 이렇게 중국 혐오라는 병이 창궐하기 시작한 걸까요?

내란 사태 속 중국 혐오의 기원

여러 요인이 있겠지만 가장 먼저 꼽을 수 있는 것이 미국의 영향 때문입니다. 오바마 2기 때부터로 기억하는데요. 중국의 힘이 세지니까 미국 쪽이 이를 견제하기 시작했어요. 그동안 유럽 등에 분산되어 있던 병력까지 빼 오면서 중국 봉쇄 정책을 펼쳤습니다. 그런데 상대를 타격할 때는 뭔가 이유가 있어야 하잖아요. 명분이 필요했겠죠. 그러면서 시작된 게 여론전입니다. 미국 내에 중국 혐오를 퍼뜨리는 거예요. 중국은 공산주의 나라니까 경계해야 한다. 이란, 북한처럼 악의 축 같은 나라다. 이런 논리를 들어 중국을 싸워서 없애야 하는 존재로 만들었어요. 그걸 보수 우파 윤석열 정권이 배운 거죠.

이런 여론전이 쉽게 먹혀드는 이유는 우리 안에 있는 차별 의식 때문이에요. 가난한 나라에서 온 이주자들을 보는 시선을 보면 적나라하게 드러납니다. 미국이나 유럽 사람 대할 때랑 동남아시아 출신이나 조선족을 대할 때 확실히 다르죠.

언론이 그들을 어떻게 다루고 있는지 유심히 살펴보세요. 가난한 나라 출신들, 돈 벌러 온 불쌍한 사람들, 일자리 빼앗아 가는 사람들로 생각합니다. 쉽게 말해서 무시하는 거예요. 강자에게 약하고 약자에게 강한 태도가 아닐 수 없습니다. 어쩌면 천박한 자본주의적 습성에 익숙해진 결과일지도 모르겠습니다.

극심한 경쟁 체제는 이러한 혐오를 강화합니다. 당장 교실에 가 보면 알 수 있어요. 조별 토론을 시켜 보면 대부분 학생이 외국인 학생과 함께 하는 것을 싫어합니다. 더 나은 점수를 받는 데 도움이 되지 않기 때문입니다. 대학은 학생 운동뿐만 아니라 동아리 활동마저 사라져 가고 있습니다. 더 나은 단계로 올라가기 위한 사다리로 전락하고 있어요. 저는 이것이 비단 학교에서만 벌어지는 일이 아니라고 생각합니다. 한국이 치열한 경쟁 사회가 되면서 나와 가족 빼고는 모두 경쟁해야 할 적이 되어 버렸어요. 외국에서 돈 벌러 온 이주 노동자들도 마찬가지입니다. 단지 한국인이 기피하는 저임금 노동에 종사하는 것뿐인데 내 일자리를 빼앗아 가는 것으로 생각해요. 차별과 혐오가 작동하는 기제입니다.

광장의 문화와 경쟁 시스템

내란 사태 직후 수많은 사람이 광장에 모여 촛불을 들고 응원봉을 들었습니다. 그 모습을 지켜보면서 "왜 시위 현장에 2030 여성들만 있을까? 2030 남자들은 어디 갔을까?" 하는 질문들이 나왔죠. 학자들 간에도 설왕설래가 있었습니다. 저는 그 이유 중 하나로 공동체 문화 상실을 꼽고 싶습니다.

예전 이야기를 하자면, 제가 대학생 때는 동아리나 학교 선후배와의 관계를 통해 자연스럽게 공동체 사고를 물려받을 수 있었습니다. 실은 그것 때문에 힘들기도 했어요. 당시는 민주화 운동이 한창일 때였습니다. 소심했던 저는 시위 현장에 나가서 돌을 던지고 화염병을 던지는 일이 쉽지 않았어요. 그런데 어느 날 선배가 "네가 그러고도 사학과 학생이야?"라고 했습니다. 그 순간부터 사학도로서 어떻게 살아가야 할지 머리를 쥐어뜯으며 고민했어요. 4년 내내 그랬습니다. 아마 그 선배도 신입생 때 다른 동료나 선배들과 함께 비슷한 고민을 했을 겁니다. 당시 학생들은 청년 학도로서 작금의 현실을 바꾸려면 어떻게 해야 하는가를 두고 격렬하게 토론하고 서로 비판했습니다. 언론에서는 이를 '의식화'라며 비난했었죠. 저는 그것이 한 공동체의 가치를 주고받는 과정이었다고 생각합니다. 지금의 대학과는 사뭇 다른 상황이었죠.

지금 이 시기는 상대적으로 여학생들 사이에서 남학생들보다 이러한 공동체 문화가 살아 있어요. '응원봉'이라는 게 뭡니까? 팬클럽, 소위 말하는 '덕질'의 상징이잖아요. 이를 통해 취향과 가치를 공유합니다. 공연장에서 단체로 응원봉을 흔들던 경험을 살려 광장으로 나온 거예요. 이에 반해 남학생들은 상대적으로 공동체 문화를 경험할 기회가 적어졌어요. 대학의 공동체 문화가 상실되어 버렸기 때문입니다. 덕질 문화가 없었고 대학 공동체 문화가 살아 있었던 1980년대 민주화 운동은 오히려 남학생들이 주도했어요. 지금 남학생들은 대개 공동체 생활을 군대에서 합니다. 상대적으로 보수적인 조직이지요. 개성과 가치보다는 위계와 우열로 구조화되어 있습니다. 이런 것들이 이번 광장의 문화에 영향을 끼치지 않았나 생각해요. 2030 남자와 여자 간 성별 차이에서 오는 것이 아니라 공동체 정신을 배울 기회의 차이에서 일어난 일시적 현상이라고 봅니다.

우리 사회의 경쟁 시스템에서는 한 사람이 태어나서 자랄 때까지 공동체의 가치를 배울 기회가 별로 없어요. 모여서 대화하고 생각을 나눌 공간이 없습니다. 초등학교부터 고등학교 때까지, 한 사람의 도덕과 가치관을 결정짓는 중요한 시기에 우리는 경쟁 체제에 놓이게 되죠. 기본적으로 상대 평가입니다. 내가 아무리 잘해도 다른 사람이 더 잘하면 탈락이에요. 대학도 그렇게 된 지 꽤 됩니다. 이명박 정부 때 그렇게 만들어 놨어요. 100명의 수강생이 있다면 그중 20명 정도밖에 A는 못 줘요. 안 그러면 성적 입력 자체가 안 됩니다. 반드시 C나 D를 받는 학생이 있어야 해요. 우리 사회가 그렇게 변했습니다. 그런데 공교롭게도 경쟁이 치열해질수록 '공정'을 따집니다. 경쟁 체제나 기울어진 운동장 자체에는 관심이 없고 "저 친구는 결석을 두 번 했고 나는 한 번밖에 안 했는데 왜 제 성적이 낮습니까?" 하는 식이에요. 그런 상황에서 공동체 의식이 가능할까요?

우리 사회에 남은 유일한 공동체는 가족입니다. 바깥의 경쟁이 치열한 만큼 가족 내부는 매우 돈독해요. 지나칠 만큼 결속이 강합니다. 부작용이 많죠. 학생들이 독립을 못 합니다. 여전히 부모의 통제를 받아요. 간혹 제가 학부모 항의를 받을 때가 있습니다. "우리 애 성적이 왜 이것밖에 안 되나요?" 이런 전화가 걸려 옵니다. 심지어 능력이 있어서 좀 더 교육하기 위해 과제를 더 내어 주었더니 부모가 찾아와서 왜 아이를 학대하느냐고 따져요. 요즘 대학은 상상 이상입니다. 성인이 되었음에도 자식 일과 부모의 일이 구분되지 않는 게 현실이에요. 가족주의가 오히려 공동체 문화의 가장 큰 파괴자가 되는 경우가 많아요.

한국은 이미 인종 차별 국가

저는 우리나라도 이미 인종주의 국가로 들어서고 있다고 생각합니다. 여기에는 그럴 수밖에 없는 역사적·사회적 배경이 있어요. 일제 강점기에 서구의 인종주의가 일본을 통해 전해집니다. 사람들은 우리가 오랫동안 식민지 생활을 했기 때문에 저항적 민족주의가 형성되었으며 이는 다른 유럽 국가들의 인종주의와 다르다고 말합니다. 그런 점도 물론 있어요. 그런 의식을 물려받은 시민도 존재합니다. 그러나 그렇지 못한 국민들도 있어요. 그들 안에는 우리보다 약소한 민족, 유색 인종에 대한 차별 의식이 깊숙이 자리하고 있어요. 혹자는 단일 민족 국가에서 무슨 인종주의냐고 반문할지도 모릅니다. 그러나 우리는 알고 있습니다. 유색인 이주 노동자를 우리가 어떻게 대우하는지, 치열한 경쟁 사회에서 우리보다 가난한 나라, 약한 사람들을 어떻게 생각하는지를요. 오늘날 아스팔트에서 조선족, 중국 처단을 외치는 소위 '태극기 부대'는 이를 극명하게 보여 줍니다.

인종주의의 핵심은 차이를 근거로 한 차별입니다. 민족이나 국가나 성별 같은 것을 절대 불변의 분류 기준으로 만들어버려요. 공통점이 훨씬 많아도 본질적으로 다른 존재로 규정해요. 심지어 반려동물도 자식이라고 부르는 사람들이 다른 나라, 다른 인종은 결코 친해질 수 없는 존재로 생각합니다. 그게 인종주의의 본질이에요. 왜 이런 일이 벌어질까요? 차이에 근거한 차별에는 쾌락이 따릅니다. 우월하다고 느낄 때 오는 즐거움이죠. "내가 너보다 뛰어난 인간이야"라는. 이는 끝없는 서열을 낳습니다. 그런 인종주의 세계에서는 한국 재벌도 밖으로 나가면 돈 많은 유색 인종일 뿐이에요.

윤석열 대통령이 탄핵당하면서 했던 말이 있습니다. 담화문에서 "중국인들이 드론을 띄워 군사 시설과 국가정보원 등을 감청했다. 그래서 처벌해야 하는데 민주당에서 간첩법 수정에 동의해 주지 않았다"고 비난합니다. 그래서 내란을 했다는 뜻일까요? 자기 잘못을 가리고 지지층을 결집시키려고 중국 혐오를 동원하는 거예요. 정말 그런 일이 있었다면 현행법으로 얼마든지 처벌할 수 있습니다. 그런데 굳이 간첩법을 들먹이는 이유는 '간첩'이 가져다주는 강렬한 혐오의 감정 때문이에요. 북한을 대체할 새로운 적성국으로 만들고 싶은 겁니다. 심지어 윤석열 대통령 쪽은 중국인 99명이 선거를 조작하는 데 가담했다는 거짓말까지 스스럼없이 지속적으로 했습니다. 그들이 그것이 거짓인 것을 정말 몰랐을까요?

지금도 한국의 보수 정당은 계속 혐오를 양산하려 하고 있습니다. 사람들을 동원하는 데 그만한 게 없기 때문입니다. "나쁜 중국 놈들 없애 버려야 해. 우리나라가 힘든 건 저놈들 때문이야." 그런 혐오적 세계관을 가진 사람이 많아야 유리한 거예요. 하지만 현실을 어떻습니까. 집권 기간 내내 탈 중국을 외쳤는데도, 대중국 수출 비중이 여전히 20% 안팎이에요. 중국은 여전히 한국 최대 교역국입니다. 쉽게 말해서 중국과의 무역으로 먹고산다는 뜻이에요. 그런 나라를 적성 국가로 규정하면 어떡합니까? 한마디로 민생이나 국민의 안위에는 관심이 없는 거예요. 오로지 정권 유지에 연연하다 결국 내란까지 저지릅니다.

미국이 중국과 대립하니 우리도 미국 편을 들어야 한다고 말하는 사람도 있습니다. 정말 그럴까요? 미국은 중국을 견제한다고 하면서도 물밑으로는 협력 관계를 유지해요. 바이든 정부는 임기 막판인 2024년 7월에 재무부 장관을 중국에 보내 국가 안보 관련 분야를 제외하고 중국과의 경제 협력을 강화하겠다고 했습니다. 트럼프 대통령은 중국에 145%의 상호 관세를 매긴 후 지속적으로 중국과 협상하자고 매달렸습니다. 친미 노선을 걷는 일본도 2024년 11월 이시바 총리가 중국 시진핑 주석과 양국 간 군사 교류에 합의합니다. 국가 간 관계란 그런 겁니다. 평생 우방이 어디 있고, 평생 적이 어디 있어요? 이해관계가 맞으면 손잡고 국익이 있다면 함께 가는 겁니다.

경제 지상주의라는 함축적 근대화의 산물

삼성은 우리나라 최대 재벌입니다. 글로벌 시장 점유율에서도 상위권을 차지하는 세계적인 기업이고요. 그런데 특이하게도 그룹 리더인 이재용 삼성전자 회장은 감옥에 다녀왔습니다. 경영권 승계와 관련한 불법 비리 때문이었습니다. 다소 복잡하지만 요약하자면, 아버지로부터 기업을 넘겨받기 위해 불법적인 수단을 동원했다는 것입니다. 정상적인 방식으로는 돈이 더 들겠죠. 그런데 평생 쓰고도 남을 돈을 가진 사람이 왜 굳이 그런 편법을 썼을까요? 일반인 입장에서는 납득이 잘 안 갑니다. 하지만 이게 우리나라의 현실이에요. 우리나라 부자들은 돈은 많을지 몰라도 여기에 걸맞은 가치랄까, 도덕률이 없어요.

우리 사회는 짧은 기간 함축적인 근대화를 하면서 경제 지상주의적 가치가 극대화되어 있습니다. 돈에 모든 것을 걸어요. 경제학적으로 돈은 매개체에 불과합니다. 돈을 먹고 살 수는 없어요. 이걸 주면 음식을 내준다는 약속에 불과합니다. 이게 없으면 그냥 종잇장이에요. 상품에는 교환 가치와 사용 가치가 있습니다. 교환 가치란 그 상품이 가지는 상대적인 가치겠지요. 사용 가치는 실제로 썼을 때 우리에게 가져다주는 편익입니다. 우리 자본주의는 실제로 내가 그 상품을 썼을 때 느끼는 즐거움보다 그럴 가능성인 교환 가치에 집착합니다. 한마디로 돈을 쌓아 둔다는 뜻이에요. 돈 자체가 삶의 목적이 됩니다.

한때 비트코인 등 코인 열풍이 불었습니다. 특히 많은 청년이 여기에 열광했어요. 단지 디지털 신호에 불과한 그것이 가지는 상대적 교환 가치 때문입니다. 수요가 몰리니 가격이 폭등해요. 그걸로 뭘 사지 않아도 기분이 좋아요. 돈의 속성이 그렇습니다. 수단일 뿐인 그것이 목적이 되는 순간 모든 삶의 가치를 빨아들입니다. 학생들에게 꿈이 무엇이냐고 물어보면 어떻게 답할까요? 대개 돈 많이 버는 직업, 연봉 많이 받는 회사에 가는 것이라고 답합니다. 그런데 정작 본인이 하고 싶은 일, 좋아하는 것을 써 보라고 하면 10개를 못 채워요. 교환 가치에 중독되면서 재화가 가지는 사용 가치를 누리지 못

합니다. 한마디로 행복하지 않은 사회라는 뜻이에요. 강요된 경쟁 체제는 개인이 가지는 교환 가치에 우열을 나누고 이는 곧 혐오와 차별의 기반이 돼요. 우리나라 보수주의자들의 핵심 이데올로기는 반공주의, 경제 지상주의, 친미주의, 이렇게 세 개였습니다. 오늘날은 여기에 인종주의가 더해지는 양상입니다. 그들이 외치는 중국 혐오는 이런 맥락 안에 있어요.

지금 우리 사회에서 벌어지고 있는 민주주의의 위기를 헤쳐 나가는 과정은 전 세계적인 관심을 받고 있습니다. 이렇게 단시간에 친위 쿠데타를 진압한 사례가 없어요. 어쩌면 우리는 세계 민주주의라는 역사책의 맨 앞 장에 있는지도 모릅니다. 인류가 자본주의라는 괴물을 만들어 낸 지 수백 년이 지났어요. 민주주의는 바로 이 자본주의의 산물입니다. 아시다시피 자본주의 역사는 불평등과 차별의 역사입니다. 소수에 부가 집중되면서 사회 시스템이 붕괴해요. 대공황과 식민지 지배에 이은 세계 대전이 바로 그 결과물이죠. 그래서 사람들이 이걸 통제할 방법을 모색했습니다. 바로 민주주의예요.

다수의 사람이 뭉쳐서 다수의 사람한테 이로운 제도를 만듭니다. 선거라는 방식을 통해서 대의 민주주의 제도를 운영했어요. 한동안 잘 굴러갔습니다. 그러다 한계에 봉착했어요. 대의 민주주의 자체가 사람들 의사를 잘 반영하지 못해요. 미국이 대표적인 사례예요. 한때 세계 민주주의의 기준처럼 여겨진 나라지만, 지금 커다란 위기를 겪잖아요. 불합리한 선거구 제도 때문에 전체 득표에서 앞선 후보가 탈락하는 이상한 일이 벌어집니다. 두 진영이 팽팽하게 대립하면서 민주당이 집권하든 공화당이 집권하든 달라지는 게 없어요. 총기 규제 하나 제대로 못 합니다. 해마다 많은 사람이 총에 맞아 죽는데도 그때만 고치겠다고 말할 뿐이에요. 심지어 트럼프 대통령 당선 이후로는 그나마 있던 민주주의적 장치들이 무력화되는 양상을 보이고 있어요. 미국의 민주주의는 당사자들뿐만 아니라 세계 여러 나라의 근심거리가 됐습니다.

유럽은 상대적으로 안정된 측면이 있었죠. 전통도 있고 다당제를 운영하면서 타협을 통해 조금씩 진보를 이루어 나갔다고 평가받았어요. 그러다 요즘 난민 문제로 극우가 발호하고 있죠. 경제가 안 좋아지니까 그 원인을 난민이나 이민자들에게 돌리는 극우 정당이 지지를 얻습니다. 프랑스, 이탈리아, 스웨덴, 심지어 나치 정권을 경험한 독일에서도 극우 정당이 득세해요. 이런 상황에서 대한민국 민주주의는 저들에게 깊은 인상을 주었어요. 심지어 친위 쿠데타를 시민들이 막아 내다니, 얼마나 놀라웠겠습니까.

혐오를 이기는 K-민주주의의 힘

제가 중국에 가면 받는 질문이 있습니다. "너희는 어떻게 윤석열처럼 정치를 1년도 안 한 사람을 대통령으로 뽑니? 그게 가능해?" 중국의 정치적 상황을 보면 이해가 가요. 시진핑처럼 최고 권력자 자리에 오르려면 적어도 수십 년을 바닥부터 점검받아야 합니다. 중국만 그런 건 아니죠. 미국이나 유럽도 지역 정당 조직에서부터 커 나가는 경우가 많습니다. 우리는 그렇지 않죠. '바람'에 많이 좌우됩니다. 윤석열 대통령은 검찰 관료 출신이에요. 한 번도 정치를 해 본 적이 없는 인물입니다. 그러다 결국 내란을 일으키죠.

박근혜 대통령은 그래도 순순히 자리에서 내려왔지만, 윤석열 대통령은 국민에게 총을 들이댔어요. 만약 시민의 힘이 아니었으면 지금 모든 권력을 장악했을 겁니다. 그리고 내전으로 치달았겠죠. 그걸 맨 앞에서 시민들이 딱 막은 거예요. 군이 보인 태도도 주목할 만합니다. 과거 쿠데타 때와 달리 군인 중에서도 민주주의 의식을 가진 사람이 있어요. 이건 아니다 싶었던 거죠. 국회 보좌관들이 진입을 막았을 때, 총구 앞을 막아섰을 때 총을 겨누는 자가 분명히 있었겠지만, 그걸 막는 동료가 있었을 겁니다. 아니었다면 분명히 유혈 사태가 벌어졌겠죠. 우리의 민주주의 수준이 여기까지 와 있어요.

지금 우리 민주주의는 극심한 양면성을 가지고 있습니다. 한편에 치열한 경쟁과 차별, 혐오가 있고 다른 한편에는 K-문화와 K-민주주의가 있어요. 저는 이번 윤석열 대통령 파면을 계기로 우리가 정말 멋진 국가로 거듭날 수 있다고 생각합니다. 오늘날 광장에 모인 사람들은 역사상 한 번도 등장한 적 없는 시민이에요. 그렇게 많은 사람이 응원봉을 들고 국회 앞으로 몰려올 줄은 누구도 몰랐어요. 군대가 총을 들이대는 상황에서 누가 목숨을 걸고 그렇게 몰려들 것이라 상상했겠어요. 내란을 일으킨 세력들조차 상상도 못 했던 듯합니다. 응원봉을 들고 연예인이나 쫓아다닌다고 비난받던 젊은 여성들이 군대라는 물리적 폭력에 대항하며 강렬하게 광장에서 싸웠어요. 싸움의 방식도 굉장히 특이했죠. 노래 부르고 춤추며 즐겁게 싸운 거예요.

여기서 또 하나 주목해야 할 점은 '자기 발언'이었습니다. 자유 발언대에 나와서 당당하게 자기 소신을 밝히는 사람들, 저는 그 장면이야말로 소중한 역사의 한 페이지라고 생각합니다. 다양한 정체성을 가진 사람들이 자신이 아끼는 소중한 것들을 걸고 다른 사람들에게 손을 내밀었어요. 이런 시민들의 연대는 권력자들이 아무리 막으려고 해도 막을 수가 없어요. 통제가 불가능합니다. 특정 조직이 모여서 시위를 한다? 그러면 지도부 몇 명 잡아들이면 금방 와해됩니다. 그런데 이렇게 다양한 정체성을 가진 사람들이 손을 맞잡고 있는 상황에서 누구를 어떻게 해체할 수 있겠어요.

2024년 12월 21일, 농민들 중심의 전봉준 투쟁단이 트랙터를 앞세우고 서울로 향했습니다. 그러다 남태령에서 경찰에 막혔어요. 경찰 버스로 차 벽을 만들어 농민들을 끌어내는 등 폭력적인 진압을 했습니다. 농민들은 좌절했어요. 130년 전 전봉준이 이루지 못했던 꿈이 여기서 또다시 좌절되는 줄 알았어요. 그런데 그때 기적 같은 일이 일어났어요. 삽시간에 응원봉을 든 청년 수천 명이 몰려왔어요. 고립된 그들에게 핫팩 같은 지원 물품들이 수없이 전달되었습니다. 그렇게 싸운 끝에 다음 날 오후 한남동 대통령 관저로 가는 길이 열리게 되었죠.

21세기에 펼치는 전봉준의 꿈

남태령을 넘어온 농민들이 말한 '전봉준의 꿈'이 무엇이었을까요? 조선은 농업 국가였어요. 90% 이상이 농민이었습니다. 전봉준은 농민들이 더는 억압당하지 않고 떳떳하게 주인으로 살아가는 세상을 꿈꾸었던 거예요. 지금껏 한 번도 우리 땅에는 다수가 주인이 되는 세상이 온 적이 없습니다. 저는 그 가능성이 이제 열리고 있다고 생각해요. 앞서 우리 근대 역사에 세 가지가 부족하다고 했습니다. 영토를 완성하지 못했고, 주권을 되찾지 못했고, 시민들이 권력을 통제하지 못했습니다. 이를 극복할 기회가 찾아왔습니다. 첫 번째 과제는 한반도 평화 체제 구축입니다.

지금 한반도에 평화 체제를 구축할 가능성이 생겼어요. 내란 사태 당시 미국이 보인 태도에서 알 수 있습니다. 과거 군사 쿠데타 때 미국은 전두환 편에 섰던 나라입니다. 그들은 늘 이기는 사람 편을 들어요. 그런데 이번에는 시민 편을 들었어요. 왜 그랬을까요? 윤석열 정권이 다시 살아날 것 같지 않거든요. 그런 판단을 한 겁니다. 바이든 행정부는 윤석열 정권을 지지했었어요. 인도-태평양 전략에 한국을 끌어들일 좋은 기회였으니까요. 일본과 군사 동맹을 추진해서 중국을 견제하려고 했습니다. 윤석열 정부는 그들이 원하는 대로 충실하게 이행했고요. 그랬던 미국이 갑자기 태도를 바꾸고 한국의 민주주의를 응원한다? 이건 미국도 이제 우리를 함부로 못 한다는 뜻이에요. 솔직히 말하면 제 코가 석 자인 겁니다. 자기 살기 바빠요.

트럼프 정부 출범 이후 그들은 캐나다를 편입시키겠다, 그린란드를 가져오겠다는 등 비상식적인 말들을 쏟아냅니다. 미국이 그 정도까지 온 겁니다. 미국 패권이 저물고 있는 거예요. 반대로 생각하면, 우리에겐 기회죠. 우리의 문제, 우리 영토 문제를 우리가 원하는 방향으로 미국과 협상할 좋은 기회입니다. 중국은 기본적으로 불개입이 원칙이라고 했죠. 동북아시아의 평화를 강조합니다. 중국도 자기 코가 석 자라 당분간 그런 태도를 유지할 수밖에 없을 겁니다.

지금 일본 총리는 이시바 시게루입니다. 이 사람은 일본 극우 중에서도 상당히 유연한 축에 속해요. 남북 대치 상태와 관련해 주변국들의 영향력이 느슨해진 상태죠. 그렇다면 이 기회를 어떻게 영토를 확정하고, 주권을 회복하고, 한국 민주주의를 완성하는 쪽으로 이어갈 수 있을까요?

광장으로 나와야 합니다. 각자의 골목에서 경쟁하기를 멈추고 광장으로 나와 연대해야 해요. 전봉준 투쟁단 시위 때 시민들이 물품을 많이 보내왔어요. 어디 기부하듯이 자기 이름 써 붙여서 나눠 준 게 아니에요. SNS에서 뭐가 필요하다 하면 아무 조건 없이 그냥 보냅니다. 돈이 남아돌아서 그랬을 리는 없습니다. '비록 몸은 떨어져 있지만 그들과 뜻을 함께해야겠다. 이렇게라도 손을 맞잡아야겠다' 한 겁니다.

윤석열 탄핵 당시 여의도 집회에 참석했을 때는 밥차가 화제였습니다. 자원봉사 나온 분들이 무료로 음식을 나눠 줬어요. 길거리 카페에서는 따뜻한 커피를 제공했습니다. 익명의 시민들이 선결제를 해 놓은 거예요. 우리는 이렇게 멋진 시민을 가진 나라입니다. 지구상 이런 나라가 어디 있어요? K-민주주의는 전 세계의 민주주의 교과서입니다. 이미 세계 여러 나라들이 배우고 있어요.

많은 분이 자유 발언대에 올랐다고 말씀드렸죠. 그중에는 "그동안 혼자서 알고리즘에 묶여서 살았다"며 "이곳에 와서 새로운 세상이 열리고 있다는 걸 알았다"는 고백이 있었습니다. 광장에 나온 이들이 함께 손을 잡으면서 민주주의의 세상을 열고 있어요. 광장은 넓어요. 누구나 그 안에 있을 수 있습니다. 그리고 힘이 있습니다. 이번 위기야말로 역사상 가장 강력한 민주주의 국가를 구축할 기회라고 생각합니다. 골목에서 나와 광장에서 손을 마주 잡아야 합니다.

소통의 공간에서 인권을 배우다

5

강대중

강대중

서울대학교 교육학과 교수로, 서울대학교 대학원에서 평생교육 석사, 미국 조지아 대학교에서 성인교육 박사 학위를 취득하였다. 현재 한국교육학회 부회장, 한국 평생교육학회 학술위원장, 대학성인학습자연구교류협의회 회장이다. 국가평생교육진흥원 원장, 유네스코한국위원회 교육분과위원장, 한국학부모학회 회장, 법무부 교정정책자문단 위원, 교육인적자원부 부총리정책보좌관 등을 역임했다. 함께 쓴 책으로 『총장의 뉴 리더십: 평생교육체제 기반 대학 경영』, 『미래교육, 교사가 디자인하다』, 『미래사회와 평생교육』, 『질적 연구: 전통별 접근』, 『대한민국 학부모』, 『교육사회학』 등이 있다.

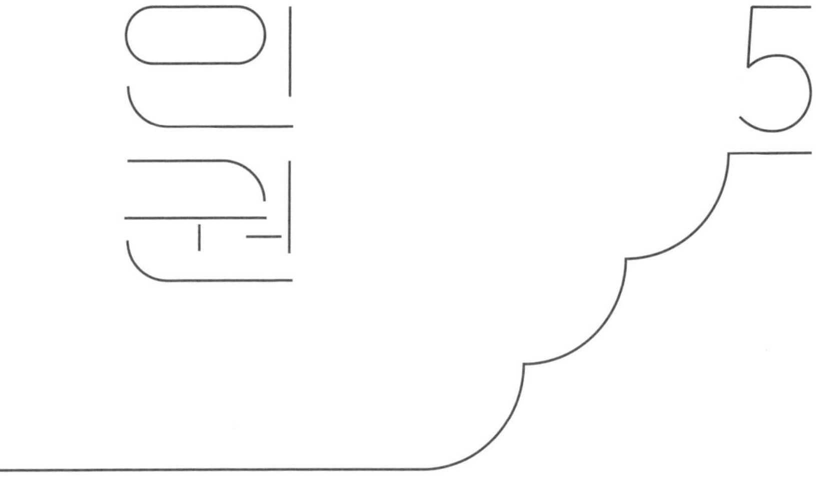

유네스코는 교육, 과학, 문화 분야에서 여러 국제회의를 주관하는데 그중 하나가 세계성인교육회의International Conference on Adult Education입니다. 제목 그대로 성인 교육을 주제로 한 회의로 1949년 덴마크에서 처음 열렸으니 역사가 상당히 오래됐습니다. 첫 회의가 열릴 당시는 제2차 세계대전이 끝나고 여러 나라가 식민지에서 독립하는 등 신생국이 늘어날 때였죠. 대부분 국가의 교육 환경이 매우 열악했습니다. 물론 학령기 아동의 교육도 중요한 과제였지만, 신생 국가들에 민주주의 시스템을 정착시키려면 성인 교육이 시급하다는 취지로 이 국제회의가 만들어졌습니다.

첫 회의 이후 대략 12년을 주기로 열리고 있습니다. 최근에는 2022년에 모로코에서 제7회 대회가 있었습니다. 세계성인교육회의가 한국 교육에도 큰 영향을 주었는데요. 1985년 프랑스 파리에서 열린 제4회 회의에서 채택한 학습권 선언 Declaration on the Right to Learn이 그것입니다.

학습권을 인정하는 것은 이제 그 어느 때보다 인류에게 중요한 과제이다. 학습권은 읽고 쓸 권리, 질문하고 분석할 권리, 상상하고 창조할 권리, 자신의 세계를 읽고 역사를 쓸 권리, 교육 자원에 접근할 권리, 개인 및 집단적 기술을 개발할 권리 등을 포함한다.

학습권은 인류의 생존을 위한 필수 불가결한 도구이다. (…) 요컨대, 학습권은 오늘날 인류의 중요한 문제를 해결하는 데 우리가 기여할 수 있는 최고의 공헌 중 하나이다. 그러나 학습권은 경제 발전의 도구가 아니다. 학습권은 기본권 중 하나로 인정받아야 한다. 모든 교육 활동의 중심에 놓여 있는 학습 행위는 인간을 사건에 휘둘리는 객체로부터 자신의 역사를 창조하는 주체로 변화시킨다. 학습의 권리는 인간 사회의 특정 분야에 한정되어서는 안 되며, 남성이나 선진국, 부유한 계층, 학교 교육을 받을 수 있을 만큼 운이 좋은 젊은이들만의 특권이 되어서도 안 되는 보편적 가치를 지닌 기본적 인권이다.*

학습권 선언은 1995년 우리나라의 '5·31 교육 개혁'에 직접
적으로 영향을 미칩니다. 교육 개혁의 일환으로 1997년 교육
기본법이 처음 제정되었는데, 제3조에 학습권 조항이 포함된
것입니다.

학습은 권리일까, 의무일까?

그렇다면 '학습권'이란 구체적으로 무엇일까요? 학습권을
선언문에서는 '읽고 쓸 권리'로 출발해서 '질문하고 분석할
권리' '상상하고 창조할 권리' '자기 세계를 읽고 역사를 쓸 권
리' '교육 자원에 접근할 권리' '개인 및 집단적 기술을 개발할
권리' 등으로 나열합니다. 무척 포괄적인 개념입니다. 그런데
아직 우리 사회에서는 학습권에 관해 약간의 오해가 있습니
다. 학습권을 교육권과 대립하는 걸로 생각하는 겁니다. 학생
들 학습권 보장 때문에 교사들의 교육권이 침해되고 있으며,
이른바 교권이 침해되어 교실 현장이 붕괴하고 있다는 지적

———

* UNESCO. (1985). *Final Report: Fourth International Conference on Adult Education*. UNESCO. p. 67.

을 합니다.

학습이 권리라면 모두가 누리고 싶어 하는 것이어야 할 텐데, 실제로는 공부하기 싫어하는 사람이 많지 않냐는 질문도 나옵니다. 실제로 학습 동기가 낮아서 자발적으로 학습하지 않으려고 하는 사람들이 많습니다. 그러나 이는 '권리'에 관한 오해입니다. 어떤 사람이 원하든 원하지 않든, 혹은 권리를 행사하든 하지 않든 그 사람에게 권리가 있다는 사실에는 변함이 없으니까요.

저는 학습권을 다른 차원에서도 생각해 보았으면 합니다. 예컨대 특별한 장애가 없다면 예외 없이 모든 사람이 모국어를 배웁니다. 우리 모두 그런 과정을 거쳤어요. 그런데 정말 모국어를 '배웠다'고 생각하나요? 보통은 모국어 습득을 누군가의 가르침 덕분으로 보지 않습니다. 의식하지 않아도 될 만큼 자연스럽게 배웠기 때문입니다. 그러나 만약 태어나자마자 사회에서 격리된다면 어떨까요? 아마도 모국어를 제대로 학습하지 못했을 겁니다. 그래서 이렇게 생각해 볼 수 있어요. 각자에게는 타고난 모국어 학습 능력이 있는데, 이를 발현시키려면 적절한 사회적 조건이 받쳐 줘야 한다고 말입니다.

또한 학습은 생존과 직결됩니다. 예컨대 아주 오래전 사회에서는 불을 피우는 방법을 배우지 못한 사람은 겨울이 되면 얼어 죽을 수밖에 없었을 겁니다. 농사짓는 법을 배우지 못하면 굶어야 했을 거고요. 오늘날도 마찬가지입니다. 적절한 학습을 하지 못한 사람이 사회 경제적으로 불리한 위치에 놓이게 됩니다. 그래서 누구에게나 학습할 권리를 제대로 보장해야 할 필요가 있습니다. 이를 어떻게 보장할 것인가, 사회권의 일종으로서 학습권을 모두에게 온전히 보장할 방법은 무엇인가, 사회적 계약 안에서 학습권을 어떻게 실현할 건가, 하는 문제들을 고민해야 합니다.

배우는 것이 중요하다는 말은 가르치는 것이 중요하다는 말과 같습니다. 가르치다 보면 학습 동기가 매우 낮은 사람들이 있어요. 그런데 여러분, 잘 생각해 보면 여기에는 이유가 있어요. 왜 그럴까요? 다른 건 잘 배우면서도 왜 특정한 과목은 거부할까요? 자세히 들여다보면 학습 내용이 아닌 학습 방법이 원인일 때가 있습니다. 배우고 싶은 마음은 있지만 너무 어렵다거나, 가르치는 사람이 강제로 주입한다거나 할 때가 그렇죠. 가르치려고 하는 사람과 배우려는 사람이 제대로 조응하지 못했기 때문에 벌어지는 일입니다. 그래서 "학습 동기가 낮아요. 배우려고 하지 않아요" 할 때는 학습자가 놓인 상황을 살펴보아야 합니다.

배움은 인권입니다

학습을 돕는 교수법과 관련해서 여러 가지 이론이 있습니다. 그중 문제 중심 학습Problem-Based Learning이 주목을 받은 지가 좀 됐습니다. 대학에서도 지식 전달 위주에서 벗어나 문제 중심 학습으로 가자고 합니다. 구체적인 문제를 제시하고 스스로 해결해 나가는 학습을 유도하는 교수법입니다. 어떤 문제를 해결하려면 문제의 성격을 잘 파악해야 해요. 문제를 둘러싼 맥락을 알아야 하고 해결법을 다각도로 모색할 수 있어야 해요. 이를 하나의 패키지로 학습하는 것입니다. 가르치는 사람은 옆에서 조언하며 도움을 주는 정도입니다.

문제 중심 학습의 발전된 형태가 프로젝트 중심 학습Project-Based Learning입니다. 문제를 해결하는 과정에서 프로젝트를 구체화하고, 해야 할 일을 나누고, 협업과 협동하는 것을 핵심으로 합니다. 초등학교에서는 자리를 모둠별로 배치하고, 프로젝트 활동 중심으로 수업을 합니다. 그렇지만 중고등학교에서는 잘 안 되는 거 같아요. 대학교에서도 조별 프로젝트 수업이 많아요. 그런데 대학생들에게 크게 환영받지는 못하는 거 같아요. 학생들이 공동으로 책임지는 걸 선호하지 않기 때문인데, 내가 열심히 해도 다른 친구가 대충 하면 손해를 본다고 생각합니다.

최근에는 프롬프트 중심 학습법Prompt-Based Learning도 등장하고 있습니다. 챗GPT 등 인공지능 서비스에서 사람이 인공지능에게 질문하는 걸 "프롬프트를 입력한다"고 합니다. 이걸 어떻게 작성하냐에 따라 인공지능의 답변 수준이 크게 달라져요. 문제를 해결하려면 '질문'이 중요합니다. 어떤 질문을 하느냐에 따라 학습 내용이 달라져요. 그래서 질문을 통해 배움의 폭을 넓히고, 문제를 해결하고, 프로젝트를 완성할 수 있죠. 따라서 인공지능이 일상에서 널리 활용하게 되면 프롬프트를 잘 만드는 게 매우 중요합니다. 프롬프트가 학습의 질을 좌우하는 시대가 열린 셈입니다.

문제 중심, 프로젝트 중심, 프롬프트 중심 학습에 조금씩 차이는 있지만 공통점이 있어요. 바로 학습자의 주체성을 강조하는 것입니다. 가르치는 사람이 아닌 배우는 사람을 중심에 놓는 거예요. 학습권에 기반한 교수법이라 하겠습니다. 가르치는 입장에서 교육권만 강조하다 보면 배우는 사람 입장을 간과할 수 있어요. 가르치는 입장에서만 교육을 사고하면, 사회가 소수의 의지대로 움직이게 될 가능성도 커져요. 가르치는 사람들을 권력자가 강력하게 통제하면 교육은 쉽게 획일화되니까요.

그런데 학습권의 시각에서 교육을 보면 다릅니다. 자기의 문제를 해결할 권리, 그럼으로써 내 삶을 가치 있게 만들어 나갈 권리의 관점에서 배우고 가르치는 문제를 볼 수 있어요. 자기의 문제가 공동체의 문제와 만날 때 더 큰 변화를 추구할 수도 있겠습니다. 그래서 학습권이야말로 인간다운 삶을 위해서는 꼭 누려야 할 인권이라는 말씀을 드리고 싶습니다.

유네스코는 학습권 선언에서 학습권을 "사건에 휘둘리는 객체로부터 자신의 역사를 창조하는 주체로 변화시키는 힘"이라고 규정합니다. 사람이 모든 환경을 통제할 수 없습니다. 원하지 않아도 "사건에 휘둘릴" 수밖에 없어요. 예를 들어 지금 기후 재난으로 세계 곳곳에서 대형 산불이 발생하고 있습니다. 그런데 세계 최고 수준의 사회 인프라를 갖춘 나라, 온갖 첨단 기술을 자랑하는 미국도 서부 지역의 대형 산불을 진압하지 못합니다. 비가 내려서 꺼지기만을 기다립니다. 대형 산불을 막기 위해서는 지구 온난화 경향을 되돌려야 합니다.

2015년 국제 사회는 기후 변화에 공동 대응하기 위해 이른바 파리협정을 맺었습니다. 산업화 이전과 비교해서 지구 온도가 1.5도 이상 상승하지 않도록 탄소 배출을 줄이자고 합의했어요. 안 그러면 지구 환경은 돌이킬 수 없는 재앙에 빠질 거라고 경고했습니다. 그 후로 10년이 흘렀습니다. 여전히 지구는 뜨거워지고 있어요. 개인이 어떻게 할 수 있는 일이 아닙니다. 이처럼 우리는 외부적 사건에 휘둘리는 객체로 살고 있어요. 그렇다면 어떻게 "역사를 창조하는 주체"가 될 수 있을까요? 제가 교육학을 공부하는 사람이라 그런지, 저는 학습에서 그 답을 찾아야 한다고 생각합니다. 학습을 통해 사람들이 문제의 심각성을 깨닫고 해결 방법을 모색하는 길 이외에 다른 방법이 과연 있을까요?

소설에 드러난 해방 후 한국인의 삶

제가 강의하면서 더러 인용하는 소설이 있습니다. 바로 박완서 선생의 자전적 연작 소설 『엄마의 말뚝』이라는 작품인데요. 제1편에는 일제 강점기인 1930~40년대, 작가가 서울 서대문 형무소 근처 현저동 산꼭대기에서 보낸 유년 시절 이야기가 담겨 있습니다. 작가의 어머니는 지금은 북한이 된 개성 인근 개풍에서 남편과 사별한 후, 자녀들의 교육을 위해 서울로 이주해 서대문 밖 현저동 산동네에 정착합니다. 삯바느질로 생계를 꾸리며 아이들을 가르치던 어머니는 공부를 잘했던 아들이 성공하면 성 안쪽 동네로 이사하는 것을 목표로 삼았고, 딸은 신여성으로 키우겠다는 의지로 사직동의 한

가정으로 주소를 위장 전입해 성 안쪽, 지금의 매동초등학교를 보냅니다. 박완서 선생은 현저동 산동네에서 인왕산 언덕을 넘어 통학했다고 해요.

소설에는 박완서 선생의 어머니가 왜 그렇게 열성적이었는지, 유년기 때 자신이 고립감 속에서 얼마나 외롭게 지냈는지 등이 잘 그려져 있습니다만, 박완서 선생의 어머니가 경험하고 꿈꾸었던 '이주'는 사실 해방 이후 많은 이의 삶을 상징하는 말이기도 합니다. 우리나라는 해방 이후 특히 한국 전쟁이 끝난 후 근대화, 도시화, 산업화가 급격하게 이루어집니다. 가난한 농촌과 시골을 떠나서 도시로 이주했습니다. 도시에서는 너나없이 '성공한 현대인의 삶'을 꿈꾸었습니다.

저도 강원도 산골에서 태어났습니다. 제 아버지는 산골을 떠나 인근 중소 도시로 이주했던 분인데, 어머니께서는 할머니 댁에서 저를 낳았다고 해요. 부모님은 아직 중소 도시에 살고 계시는데, 저는 대학을 진학하며 서울로 이주했습니다. 저는 스스로 "개천에서 용 났다"는 생각을 하곤 해요. 지금도 제가 태어난 산골 마을에 가면 '어떻게 여기서 자식들을 키우고 살았지?' 하는 생각이 절로 들어요. 제 사촌 큰형이 환갑이 지나셨는데 어린 시절 그 산골에서 사람들이 화전을 일구던 걸 아직도 기억하고 있어요. 불과 50여 년 전 일입니다. 그동안 우리 삶이 정말 많이 변했어요. 2000년대에 태어난 제 자녀들, 중소 도시에서 서울로 이주한 저, 산골에서 중소 도시로 이주해 평생을 사신 저의 부모님, 그리고 산골에서 살다 돌아가신 조부모님의 삶을 비교해 보면 얼마나 급격한 변화 속에서 우리가 살았는지 새삼 깨닫게 됩니다.

요즘은 소위 K-문화가 전 세계에 유행입니다. 드라마, 노래는 물론 떡볶이 같은 음식도 세계화되었어요. 그만큼 우리에게 문화적 저력이 있다는 뜻이기도 한데요. 우리 문화에는 과거의 삶이 빚어 놓은 내러티브가 담겨 있습니다. 농촌을 떠나 도시로 이주한 경험, 자녀들만큼은 성공한 삶을 살라고 교육에 열과 성을 다한 경험 등을 우리는 공유하고 있어요. 지금도 그렇지만, 이 과정에서 경쟁도 아주 치열했어요. 특히 교육은 경쟁이 너무 과도할 지경입니다. 그렇다면 우리는 어쩌다가 이런 서사를 공유하는 사회가 되었을까요?

박완서 선생은 원래 성곽 바깥 산동네에 사는 아이였습니다. 동네에서 아이들끼리 놀면서 지냈죠. 그런데 혼자만 성안에 있는 학교에 다녀요. 당연히 학교에서 만난 아이들은 자기를 친구로 잘 안 끼워 줍니다. 박완서 선생은 고개 너머 저쪽 학교를 다니며 느끼던 열등감과 고개 이쪽 살던 동네에서 성안의 학교를 자기만 다닌다는 데서 오는 우월감을 말합니다.

그런데, 우월감과 열등감이 결국은 똑같은 이질감의 다른 모습이었다고 쓰셨어요. 이 이야기를 읽으면서 저는 사는 장소와 배우는 장소가 일치하는, 즉 삶터와 배움터를 공유하는 게 무척 중요하다는 걸 다시 깨달았어요. 우리는 사실 의도적으로 이 둘을 분리하잖아요. 저 역시 태어나고 자란 곳에서 벗어나 도시로 유학을 했습니다. 그러면서 느꼈던 단절감, 마음에 쌓아 놓은 외로움이 있었고,『엄마의 말뚝』에서도 이를 발견했습니다.

사라진 골목, 소통 없는 도시

저는 1970년대 초반에 태어났습니다. 중소 도시에서 자랐는데, 초등학교 2학년 때쯤에 아버지가 하시던 일 때문에 전학을 갔어요. 20분을 걸어서 학교에 다녔는데 5학년 때 또 이사를 했어요. 이번에는 좀 더 멀리 갔습니다. 그래서 통학 거리가 30분이 더 늘었어요. 그런데 저와 동생은 진짜 전학 가기가 싫었어요. 학교가 바뀌면 친구가 없어지니까요. 그런데 멀리 통학을 하다 보니 학교 친구들도 제대로 못 사귀고, 동네 애들과도 어울리지 못했어요. 여기에 환경적인 요인도 영향이 있었는데, 당시 살던 곳이 새로 택지를 개발한 곳으로 신작로만 있고 골목이 없었어요. 아이들이 모여서 놀 데가 마땅치 않았어요.

물론 서울에서 대학을 다니면서도 친구를 만났죠. 졸업하고 사회에서 만난 사람들도 꽤 많습니다. 40대 중후반쯤 되니까 사회생활을 하며 만난 또래들이 초등학교 동창회에 다닌다는 얘기를 듣게 됐어요. 어릴 때 같이 놀던 사람들을 다시 만나다니, 좀 신기하더라고요. 저는 그런 적이 없거든요. 곰곰이 생각해 보았습니다. '나는 왜 초등학교 동창들을 안 만나지? 인연이 끊겨서 그런가?' 그런데 박완서 선생의 소설을 읽으면서 이유를 찾았어요. 골목의 추억을 공유한 어린 시절 친구가 제 인생에 없다는 사실을 알게 됐습니다.

그리고 한때 유행했던 「응답하라 1988」이라는 드라마를 다시 보면서 확신이 들었어요. 이 드라마가 딱 제 또래 이야기입니다. 1980년대 후반 서울 도봉구 쌍문동 골목길에 이웃한 네 집의 가족들이 만드는 소소한 일상과 시대의 풍경을 담고 있죠. 주인공인 네 집의 동갑내기 자녀들과 그들의 형제자매들은 어릴 적부터 같은 골목에서 자라며 깊은 친밀감을 형성합니다. 부모들 역시 서로의 살림살이 형편을 훤히 들여다볼 만큼 가까웠고, 엄마들은 골목에 펴 놓은 평상에서 여름을 함께 납니다.

특히, 드라마에 삽입된 동물원의 노래「혜화동」의 "어릴 적 함께 뛰놀던 골목길에서 만나자 하네"라는 가사는 기타의 잔잔한 선율과 함께 골목을 공유했던 친구와의 어린 시절을 떠올리게 합니다. 어른이 된 주인공 화자의 목소리가 골목 공간에 각인된 추억에서 인생의 의미를 반추할 때면 웃음과 눈물을 짓게 됩니다. 그 드라마를 보면서 또 한 번 확인했죠. '내겐 저런 짙은 추억이 없구나.'

어린 시절의 공동체 경험은 나중에 성인이 되어도 가슴에 남습니다. 유년기의 친구와 관계가 자아상 형성과 인간관계에 큰 영향을 미칩니다. 사람들과 관계 맺는 법, 공동체 안에서 살아가는 법을 또래들과 어울려 놀면서 배워요. 학교 수업에서 배우는 것도 있겠지만, 그건 머리로 아는 것이고 경험 속에서 깨닫는 건 다릅니다. 지금 청소년 대부분은 골목 없이 자란 세대입니다. 그동안 주거의 방식이 바뀌었으니까요. 아파트에서 각각 분리된 채 살아갑니다. 학교 수업이 끝나면 학원 버스를 타고 각자 학원으로 가죠. 그래서 한편으로는 '골목'이라는 소통 공간의 부재가 지금 청소년들이 정서적·심리적으로 힘들어하는 이유는 아닌가 하는 생각을 해 봐요.

초고층 빌딩과 그만큼 높은 아파트가 삐죽삐죽 솟은 도시의 풍경은 집과 집 사이 담벼락이 만드는 골목을 없앴어요.

골목이 사라진 도시의 풍경 변화는 삶에서 인간적 교류와 정서적 유대가 생겨날 통로를 막아 버렸는지도 모르겠습니다.

대단위 아파트 단지는 주민 간 소통이 중요하다며 커뮤니티 시설이나 보행로, 놀이터 등을 신경 써서 배치해요. 그나마 아이들이 유일하게 소통할 수 있는 장소가 놀이터입니다만, 문제는 항상 어른들의 감시를 받는다는 점이에요. 아이 혼자 못 보내요. 보호자의 감시·감독·관리가 필요한 장소로 인식되잖아요. 친구 생일 파티를 할 때도 누구를 부를지부터 시작해서 보호자가 일일이 챙깁니다. 당연하게 여겨지다가도 한편으로는 과거의 골목처럼 집을 벗어나 자기들만의 문화를 만들고 즐길 장소가 없다는 게 안타까워요. 이런 문제의식하에 개인적으로 '골목'을 대체할 만한 공간을 고민했습니다. 그러다 발견한 게 '복도'예요.

학교는 전형적인 직육면체 건축물입니다. 교실이 배치된 건물이 있고 그 앞으로 사열대와 운동장이 있죠. 양 끝에 축구 골대가 있습니다. 모래밭이 있고 거기 시소, 철봉, 정글짐 같은 놀이 시설이 있어요. 요즘은 학교마다 체육관이 별도로 만들어져 있습니다. 거기서 강연도 하고 졸업식 같은 행사도 하더군요. 학교 건물로 들어가면 1층에 로비가 있고 좌우로 행정실, 보건실 같은 사무실이 있습니다. 계단을 올라가면 복도를 따라 교실이 쭉 이어지지요. 복도에는 이런저런 게시물이 붙습니다. 제가 학교 다닐 때는 각종 공지 사항들, 특히 시험 결과를 성적순으로 공개하기도 했어요. 이런 풍경은 지금도 크게 다르지 않은 모양입니다.

복도를 열어 학교를 바꾸자

예전에 제 아이가 다니던 중학교에 가 본 적이 있습니다. 좁고 긴 학교의 복도는 제가 어린 시절 다니던 학교 복도와 구조가 똑같았어요. 그러다 곳곳에서 여러 종류의 경고문을 만났어요. "1학년 학급 복도. 2·3학년 학생이 통행 외 복도에 머물거나 장난 시 벌점 부과. 교사의 통행 지도에 응하지 않을 시 지도 불용 벌점 부과" "1-8 학생 외 출입 금지. 다른 반 학생 출입, 벌점 1점. 친구와 볼 일은 복도에서 해결" "금연 집중 지도 기간. 2·3학년 학생이 별관 화장실을 이용하는 경우는 흡연을 했거나 계획한 경우로 보고 엄중하게 다스릴 것을 공고합니다. ○○중학교 교장"처럼 문구가 좀 무시무시해요.

한편 가까운 복도 창문에는 아이러니하게도 '유엔아동권리협약'의 조항을 담은 포스터와 "교복 위 사복 착용 금지.

벌점 부과"라는 경고장이 붙어 있었어요. 아동권리협약 제
29조는 교육의 목적으로 "우리는 교육을 통해 인격과 재능,
정신적 신체적 능력을 마음껏 개발하고 인권과 자유, 이해와
평화의 정신을 배울 수 있어야 한다"고 규정합니다. 감시와
처벌이 가득한 복도에서 이를 아이들이 온전히 이해할 수 있
을까 싶었어요. 그런데 그때, 저는 엉뚱한 상상을 시작하게
됐어요.

'복도는 골목과 비슷한 장소이다. 학교가 아이들을 통제하
기 위해 만들어진 장소가 아니라면 충분히 소통 공간으로 기
능할 수 있다. 그러면 공동체에서 사는 법, 사람과 관계를 맺
는 법을 배울 수 있지 않을까? 복도가 평생을 두고 같이 삶을
공유할 수 있는 인생의 친구를 만나는 곳이 되려면 어떻게 해
야 할까?'

몇 가지 아이디어를 생각해 보았습니다. '복도 사용법을 바
꾸자.' '복도를 다른 방식으로 구조화해서 아이들이 타고난
학습 능력을 발휘할 장소로 만들자.' 우리가 꼭 교실에서만
배울 수 있는 건 아니잖아요. 한 사람이 교단에서 가르치고
나머지 학생은 그 말에 집중하는 교실 풍경은 21세기에 어울
리지 않습니다. 복도라는 공간을 얼마든지 활용할 수 있다고
봐요. 학교 전체가 학습권을 보장하는 공간이라는 개념으로

접근해 보는 겁니다.

우리나라 학교 구조는 과거와 크게 다르지 않아요. 그 연원을 따져 올라가다 보면 일제 강점기와 마주하게 됩니다. 그때부터 본격적으로 '학교'라는 건물이 지어지기 시작했어요. 그 이전 대한제국 시절에 근대 학교를 도입했지만 보편화되지는 않았어요. 일제 강점기 시절 소학교, 보통학교 등이 만들어지고 여기를 통해 식민지 교육이 시행되었어요. 그런데 당시 학교 건축은 교도소 짓는 방식과 같았습니다. 일종의 감시 공간이었던 거죠.

유럽도 마찬가지입니다. 근대에 접어들면서 학교, 교도소, 병원 등은 유사한 구조로 지어졌어요. 그 후 병원은 기능이 바뀌면서 구조가 많이 바뀌었죠. 하지만 우리나라 학교는 여전히 구시대적인 양식을 고수하고 있습니다. 그래서 기본적으로 우리 학교 건물은 학생을 통제의 대상으로 봅니다. 아이들 감시하는 사람은 편하죠. 교단에 서면 학생들이 한눈에 내려다보입니다. 이는 가르치는 사람의 관점을 중시하는 구조입니다.

요즘은 오래된 학교를 새롭게 바꾸는 일이 많습니다. 특히 지난 문재인 정부 시절 이른바 '그린 스마트 스쿨' 사업을 통해 학교 공간의 혁신을 구상했어요. 그러면서 노후화한 시설은 물론 교실 구조도 바뀌었습니다. 상당한 예산이 투입된 걸로 알고 있어요. 최근에 본 전라남도 고흥의 한 중학교 사례는 매우 인상적이었습니다. 여기도 꽤 오래된 학교라 시설이 낡았어요. 취학 인구도 줄어서 옛날 60명 넘게 들어차던 교실에 지금은 열댓 명쯤 앉아 있습니다. 빈 교실도 많아요. 그래서 새로 디자인하면서 학생, 지역 사회 주민들과 함께 머리를 맞댔다고 합니다. 그래서 내린 결론이 교실 크기 줄이기, 교실과 복도 사이 벽 없애기였습니다.

임시 벽 형태로 언제든 개방할 수 있게끔 했습니다. 그러면서 공간 활용 가능성이 커졌죠. 언제든 개방해서 필요한 공간으로 만들어 쓸 수 있습니다. 교실 사이 벽도 그렇게 만들어서 2·3학년이 공동 수업을 할 수 있게 합니다. 보통 공동 수업할 때 큰 교실로 옮기잖아요. 여기서는 그럴 필요가 없습니다. 덕분에 수업 방식을 유연하게 가져갈 수 있어요. 다양한 실험이 가능합니다.

제가 태국 대학의 초청을 받아 콘퍼런스에 참여해서 발표한 적이 있어요. 하루는 시간을 내서 방콕 시내를 구경했습니다. 현지 대학원생이 가이드를 해 주었습니다. 함께 택시를 타고 유명한 왕궁을 찾았는데, 전통적인 사원 양식으로 지어졌더군요. 그런데 뜻밖에도 그곳에서 태국의 가장 오래된 고

등 교육 기관을 봤어요. 태국은 불교 국가라서 왕실 사원이 교육 기관 역할도 했다고 합니다.

제가 그곳에서 가장 놀란 게 바로 복도였어요. 더운 지역이다 보니 열린 공간이 많은데, 회랑을 따라서 돌판에 새긴 교육 자료가 쭉 붙어 있습니다. 학생들이 거기 앉아서 공부해요. 복도 한쪽은 개방이 되어 있습니다. 마당이 내다보이죠. 그곳에는 요가 자세를 한 조각상이 들어차 있습니다. 그러니까 학생들이 배우는 공간이 따로 없어요. 교실에서도 배우고 복도에서도 배우고 마당에 나가서도 배웁니다. 그 학교는 약학, 의학, 산부인과 등을 가르쳤습니다. 완전히 다른 방식으로 복도를 활용하는 데 놀랐어요.

이번에는 회사로 가 보겠습니다. 기업은 오래전부터 복도에 주목했습니다. 옛날 기업의 사무실은 학교 교실과 비슷했죠. 네모난 공간에 책상이 가로세로로 배치되어 있습니다. 복도는 그냥 사무실과 사무실을 이어 주는 공간이었어요. 요즘 큰 기업들은 그렇게 안 합니다. 다양한 디자인으로 소통을 극대화하는 방향으로 바꾸었어요. 복도에서 자연스러운 상호 작용과 대화가 가능하도록 벤치나 스탠딩 테이블을 배치하거나, 디지털 스크린을 걸어 정보 교류를 원활하게 만들기도 해요.

세계적 기업은 아예 사무실이라는 말 자체를 안 씁니다. 구글, 애플, 삼성도 사옥을 '캠퍼스'라고 부르죠. 애플 창업자 스티브 잡스는 일부러 화장실의 개수를 줄였다고 합니다. 왔다 갔다 하면서 사람과 마주칠 기회를 늘이려는 의도였어요. 그러면서 더 많이 소통하고 우연한 마주침 속에서 생각을 나눌 일이 많아질 거로 본 거죠. 구글은 자기가 일하는 장소에서 150초 안에 모든 사람과 소통할 수 있는 거리를 확보하는 방식으로 사무 공간 구조를 바꿨다고 해요.

요즘 세계적 기업은 사옥을 리조트처럼 꾸며 놓기도 해요. 식당도 있고 볼거리도 있고 체육 공간, 휴식 공간도 있습니다. 이들이 괜히 그러는 게 아니에요. 일단 사람끼리 마주치게 해서 소통 기회를 최대화하려는 시도입니다. 이를 충돌 지점collision points이라고 하는데요. 건물 설계 때 그 부분을 세밀하게 디자인해요. 우연히 마주쳐 나눈 대화에서 혁신적인 아이디어가 전파되고 조직 전체로 확산될 가능성이 커진다고 해요. 서로 다른 부서나 직급, 배경이 다른 사람이 자주 만날수록 생각의 충돌이 일어나 창의적인 문제와 해결이 도출될 수도 있을 거고요.

배움의 장소인 학교도 그럴 수 있지 않을까요? 교사와 학생의 마주침, 학생끼리의 마주침이 어떤 공간에서 어떻게 이루어지는지를 살펴보고 교실과 교실을 연결 짓는 복도라는 공간을 새롭게 디자인하는 거예요. "1학년 화장실은 2·3학년이 쓰면 절대 안 돼. 벌점이야." 이런 방식은 소통을 가로막습니다. 대신 벽을 치우고 여러 사람이 자연스럽게 섞여들 수 있도록 바꾸는 거예요. 감시의 공간이 아닌 배움이 공간이라는 학교 본연의 기능에 걸맞은 설계가 필요합니다. 복도는 그 중심 공간이 될 수 있어요. 마치 우리 동네 골목이 그랬던 것처럼 말입니다.

소통의 공간에서 인권을 배우다

아이들은 학교에서 지식만이 아니라 삶 자체를 배웁니다. 가르치는 사람은 선생님만이 아니에요. 또래와 또래 서로가 가르치는 사람이고 배우는 사람입니다. 그런 의미에서 학교 공간을 어떻게 바꿀 것인가 하는 문제는 학습권 보장과도 연결됩니다. 더구나 가뜩이나 치열한 입시 경쟁 속에서 우리 청소년들은 상처를 받고 자랍니다. 그런 아이들을 지키려면 감시가 아닌 소통이 필요해요. 어떻게 하면 학교에서 아이들이 서로를 지켜 주는 마음을 배울 수 있을까요?

교실에서는 조용히 앉아서 선생님이 말씀을 들어야 하고,

10분 쉬는 시간에는 다음 수업 준비하거나 학원 숙제를 하는 공간, 다른 학년 교실에 가서는 안 되고 정해진 과목만 배워야 하는 공간을 탈바꿈시켜야 합니다. 다시 한번 강조하자면, 교실을 고립의 공간에서 해방시키려면 복도를 살려야 해요. 이건 학생들만의 문제가 아니에요. 큰 학교라면 100여 명이 넘는 교직원이 계시잖아요. 이분들도 서로 소통이 어렵습니다. 우리 대학도 그렇죠. 연구실 문 닫고 들어가면 그대로 독방 신세예요. 그래서 우울증 가진 분들이 상당합니다. 단절이 주는 폐해예요. 근무 환경이 이를 조장합니다. 복도에서 우연히 만나 서로 아이디어를 나누는 광경을 볼 수 없어요. 대학의 복도는 소통의 장소가 아닙니다. 화장실 갈 때나 식당에 갈 때, 잠시 나와 보는 곳이에요. 변화가 필요합니다.

미래 교육은 창의성이 판가름합니다. 창의적인 사고는 질문에서 나와요. 자문자답이 아닙니다. 서로의 삶에 자연스럽게 녹아들면서 함께 생각을 나누었을 때, 자기 생각을 가다듬고, 창의적인 사고를 구축해 나갈 수 있어요. 골목이 필요합니다. 집에서, 학교에서, 직장에서, 고립되지 않으려면 서로 연결되어야 해요. 그러지 못하다 보니, 사람들이 갈수록 외로워집니다. 돈을 많이 벌고 성공해도 마찬가지예요. 오늘날 우리 사회에 만연한 혐오와 차별도 결국 단절에서 비롯했다고 저는 생각합니다. 홀로 자기 방에 갇혀서 인터넷 알고리즘이 보여 주는 동영상과 소셜 미디어SNS만 보고 있으면 생각이 굳어 버릴 수밖에 없죠. 현실을 똑바로 보기 어렵습니다. 극단적인 주장에 쉽게 선동당할 수 있어요.

요즘 구청 공무원들은 눈만 오면 고생한다고 하소연합니다. 교통 문제 같은 게 아니에요. 집 앞 눈 좀 치워 달라는 민원 전화가 그렇게나 많이 온다고 해요. 예전 주택가는 빗자루로 골목에 쌓인 눈을 쓱쓱 치우면 끝이었잖아요. 지금은 큰길이라 어느 한 사람이 그렇게 하기도 어려울 뿐만 아니라 서로 단절되어 아무도 자기 일로 생각하지 않는다고 합니다. 어쩔 수 없이 구청에 전화해야 하는 거예요. 그래서 선출직 지방 자치 단체장들은 눈만 오면 공무원들과 함께 눈 치우러 다니는 게 일이라고 합니다. 골목이 사라진 시대의 씁쓸한 풍경이 아닐 수 없어요.

우리 사회는 골목을 버린 대가를 톡톡히 치르고 있다고 생각해요. 우리나라 10대 청소년 사망 원인 중 1위가 자살입니다. 제 아이가 다니던 학교에서도 그런 사건이 있었습니다. 같은 반 아이가 계속 신호를 보내더래요. 그래서 선생님이나 친구들이 설득하고 말리고 하면서 무척 애를 썼다고 해요. 한번은 친구들이 그 아이가 오가는 길목을 지키고 있다가 집에 잘 들어가겠다는 다짐을 받고 버스에 태워 보낸 적도 있다고 해요. 중간에 내릴까 봐 몇 번을 전화해서 확인했다고 합니다. 저는 이런 마음들이 결국은 생명을 구하고 우리 사회를 좀 더 나은 곳으로 만든다고 생각해요. 지금도 늦지 않았습니다. 어른들은 우리 청소년들이 건강하고 안정적으로 살아갈 수 있는 삶의 조건을 만들어 줄 의무가 있어요. 아이들이 사는 공간, 아이들이 생활하는 공간을 주의 깊게 살펴보아야 합니다.

학교 복도에서 출발하면 어떨까요. 꽉 막힌 직사각형의 교실에서 벗어나야 합니다. 공간을 바꾸어 소통을 통해 삶을 배우는 장소로 바꾸는 거예요. 건물을 부수고 새로 짓자는 말이 아닙니다. 세심한 시선과 작은 아이디어로도 충분히 바꿀 수 있어요. 우리는 오랫동안 골목에서 많은 것을 배웠습니다. 그것은 어른이 된 후에도 위기의 순간에 우리를 지켜 주는 든든한 버팀목이 되었어요. 우리 아이들에게도 그럴 기회를 만들어 주어야 합니다. 진정한 배움은 자기 삶을 안전하고 가치 있게 만듭니다. 이는 모든 사람의 권리이기도 해요. 이것이야말로 인권으로서 학습권이 가지는 참된 의미가 아닐까요.